社会组织危机管理

——基于利益相关者视角的研究

兰文巧　著

大连理工大学出版社

图书在版编目(CIP)数据

社会组织危机管理：基于利益相关者视角的研究 /
兰文巧著. — 大连：大连理工大学出版社，2023.7(2023.9 重印)
ISBN 978-7-5685-3964-7

Ⅰ.①社… Ⅱ.①兰… Ⅲ.①社会组织管理 Ⅳ.
①C916.1

中国版本图书馆 CIP 数据核字(2022)第 215814 号

SHEHUI ZUZHI WEIJI GUANLI：
JIYU LIYI XIANGGUANZHE SHIJIAO DE YANJIU

大连理工大学出版社出版
地址：大连市软件园路 80 号　邮政编码：116023
发行：0411-84708842　　邮购：0411-84708943　　传真：0411-84701466
E-mail:dutp@dutp.cn　　　　URL:https://www.dutp.cn
大连图腾彩色印刷有限公司印刷　　大连理工大学出版社发行

幅面尺寸：163mm×230mm　　印张：10.5　　字数：155 千字
2023 年 7 月第 1 版　　　　　　　2023 年 9 月第 2 次印刷

责任编辑：邵　婉　朱诗宇　　　　　　责任校对：时　川
封面设计：张　莹

ISBN 978-7-5685-3964-7　　　　　　　　定　价：65.00 元

前　言

2021年9月,民政部印发的《"十四五"社会组织发展规划》(民发〔2021〕78号)通知指出,"要加强社会组织自身建设","加强品牌研究,引导社会组织依据章程、业务范围和自身专长优势,开展专业化、差异化、个性化特色服务,形成更多有竞争力的服务品牌"。加强自身建设,有助于社会组织健康发展并有效预防组织危机的产生。然而,"兵无常势,水无常形",对任何一个组织包括社会组织而言,外部环境变化或内部管理变革都有可能成为组织陷入危机的诱因,如果公众对社会组织品牌的态度足够坚定,那么,对于社会组织爆发的危机,在这部分公众看来是"人非圣贤,孰能无过",是"可以理解的",如若获得这部分公众的积极响应,组织不仅可以顺利渡过危机,还能够通过危机应对提升自身的社会形象和品牌效力,增加公众信任度,实现组织声誉最大化。

"这部分公众"即社会组织的利益相关者,从字面意义出发,利益相关者不仅"影响"社会组织运营甚至"参与"社会组织的利益分配,是社会组织危机处理中的特殊人群。面对这样一群可以影响社会组织运营、左右社会组织生存环境的利益相关者,如果社会组织能予以密切关注,寻找组织利益相关者共性,把握其特点,并制订有针对性和可行性的危机管理预案,则在危机管理实践过程中可以产生"四两拨千斤"的效果。

目前将"社会组织"与"危机"置于同一视野下的研究成果,更多集中于社会危机状态下社会组织作用发挥这一问题的研究,较少关注到社会组织自身的危机问题。事实上,由于社会组织强大的公众参与特点,倘若自身发生危机,不仅对社会组织是一种伤害,而且对社会及公众也是一种伤害。因此,本书借鉴中国社会组织政务服务平台关于社会组织类型的划分方式以及《关于改革社会组织管理制度促进社会组织健康有序发展的意见》的相关规定,以社会组织的主体组成部分(即在各级民政部门依法登记的社会团体、基金会和社会服务机构)为主要研究对象,基于利益相关者视角,探寻社会组织如何化解自身危机的管理对策。

社会组织要在了解利益相关群体显性利益和隐性利益要求的前提下,综合平衡各利益相关者的利益要求:一是帮助内部成员、捐赠者、服务对象以及临近社区成员等克服惊慌和恐惧情绪;二是保持社区成员、分析人员、媒体等相关群体对该组织的信赖。基于这一前提,社会组织的危机管理要从内部利益相关者和外部利益相关者两个方向进行突破。

一是对内部利益相关者的危机管理,主要从三方面加以实施:

(1)基于危机预防,对社会组织结构进行治理。如:完善理事会治理功能,从组织根源预防内部治理危机;完善理事会运行规则,从决策过程预防内部治理危机;完善社会组织监管制度,从内外监督预防内部治理危机。

(2)基于危机控制,对社会组织领导力进行建构。如:基于核心利益相关者角度控制危机;从区别于传统领导力角度塑造危机领导力;从个人领导力角度提升领袖危机领导力;从组织领导力角度提升组织危机应对力。

(3)基于危机恢复,对社会组织人力资源进行治理。主要在管理框架设置、人力资源甄选、人员配置上,对社会组织的管理层及团队进行治理,尽可能为组织内部成员提供更为全面优质的服务,自觉接受组织成员监督,增强组织成员的信任以提升组织的凝聚力和感召力。

　　二是对外部利益相关者的危机管理,重点是做好政府、媒体、其他组织这三类利益相关者的沟通与合作:

　　(1)对政府这一外部利益相关者而言,危机情境下社会组织的工作重点是"政府公关"。无论是危机预防期、处理期还是恢复期,社会组织都必须充分认识到政府的重要性,并竭尽全力争取政府的支持与协助。若能得到政府支持与认可,社会组织将能快速获得公信力优势。这就要求社会组织做好政府公关,在危机中处理好与政府的关系。著名市场营销学大师菲利浦·科特勒提出的 6P 营销,其中的一个 P 是权力(Power),指企业组织怎样与政府机关、行业协会打交道,通过政治途径为自己寻求良好的生存发展环境。这一营销思想可以为社会组织所用,当组织面临危机时,权力营销可演变为如何做好政府公关工作,借力于政府去化解危机。

　　(2)对媒体这一外部利益相关者而言,危机情境下社会组织的工作重点是"媒体沟通"。危机状态下,从控制社会秩序、防治危机升级和不必要恐慌等实际出发,社会组织都需要有目的、有选择地控制信息源和信息传播渠道,这就涉及如何妥善利用新闻媒体力量的问题。面对危机时,社会组织与媒体沟通的态度要秉承及时承认错误、勇于承担责任、呵护利益相关者情感的原则,通过危机发言人、分化管理、劝服沟通等方式与媒体形成良性互动。

　　对其他组织这一利益相关者而言,危机情境下社会组织的工作重点是"组织间合作",这既包括社会组织与属性相似的组织间的同级合作,也包括社会组织与属性不同的组织间的跨界合作。在社会组织同级合作解决危机过程中,社会组织可以基于危机任务、组织类型、政府主导的前提下开展合作行动,并实现创新性合作;政府、企业、社区是社会组织的重要利益相关者,也是社会组织预防和处理危机的重要合作伙伴。社会组织与政府、企业及社区之间的跨界合作，可以解决社会组织的资源危机、合法性危机、管理能力危机等，这也是社会组织共享信息、恢复信任的需要。

本书的研究目的是：基于利益相关者这一视角，帮助社会组织寻求有效应对不同危机情境的普遍规律和灵活策略。然而，没有危机就是最大的危机，"居安思危，思则有备，有备无患"，超前的危机意识才是社会组织危机管理亘古不变的策略，能时常关注利益相关者需求，从根本上将危机消灭在萌芽阶段，才是本书研究的最终目的和长远期望。

本书的出版离不开大连理工大学出版社的大力支持，感谢大连理工大学出版社！也特别感谢本书责编邵婉老师！在本书出版过程中，邵老师与我多次沟通，不断完善，正是邵老师的辛勤工作，才有本书今日的付梓！

作　者
2023 年 5 月

目　录

第一章

概　论

————————————————————————— >>>>

任何一个社会组织都有可能遇到危机,尽管没有哪一个社会组织能列出未来可能遭遇的所有危机类型,并洞察这些潜在危机的所有诱因,但如果社会组织能对组织运营管理体系中最容易诱发潜在危机的薄弱环节予以密切关注并进行合理预测,就能制订具有针对性和可行性的危机管理预案,并在危机管理实践过程中不断地优化和完善。

第一节　危机与危机管理

一、"危机"辨析

(一)"危机"的含义

"兵无常势,水无常形,能因敌变化而取胜者,谓之神。"对组织而言,外部环境变化或内部管理变革都有可能成为陷入危机的诱因,辨析危机的内涵及特点是有效实施危机管理进而降低危机对组织潜在危害性的基础与前提。

从语言的视角,危机可以理解为两层含义:一是指"危险的根由",如危机四伏；二是指严重困难的关头，如经济危机①。在英文中，危机(crisis)通常指危急关头，或事物面临积极或消极改变的关键时刻(a time of great danger or difficulty；the moment when things change and either improve or get worse)②。

从组织的视角，巴顿(Barton,1993)认为，危机是对组织造成潜在负面影响的一个非确定性事件，这一事件的发生可能会对组织本身或组织资源(员工、产品、服务、资产和声誉等)造成巨大损失③。可见，巴顿明确将危机的影响范围扩大到组织及其员工的声誉等层面，并认可形象沟通管理在组织遭遇危机时的重要作用。国内学者胡百精(2014)认为，危机是由组织外部环境变化或内部系统失常造成的可能破坏正常发展秩序和目标，要求组织做出紧急决策、响应和行动的威胁性事件、状态或结构④。这一定义包含了几个要点：(1)危机根源来自"外部环境变化"和"内部系统失常"；(2)危机结果导致"可能破坏正常秩序和目标"，即危机对组织自身的发展目标、对组织与利益相关者关系的潜在破坏性；(3)危机反应突出"紧急决策、响应和行动"，强调了危机的紧迫性、不确定性；(4)危机定位属于"威胁性事件、状态或结构"，可见，危机意味着面临风险和挑战。

从管理的视角，罗伯特·希斯(Heath R,2000)认为，基于对"人和物的威胁、失控和潜在危害给解决危机所施的压力"而言，危机之所以是危机有以下原因：(1)危机反应时间有限。(2)必须马上做出决策。(3)信息不可靠或不完备。(4)应对危机所需的人力、设备可能超过实际可得。显然，危机需要管理者努力去寻求更多时间，收集更多可靠信息，保护并有效配置现有资源③。

---

① 中国社会科学院语言研究所词典编辑室.现代汉语词典[M].5版.北京：商务印书馆,2005：1412.
② [英]艾莉森·沃特斯,[英]维多利亚·布尔.牛津中阶英汉双解词典[M].5版.刘常华,等,译.北京：商务印书馆,2017：329.
③ [美]罗伯特·希斯.危机管理[M].王成,宋炳辉,金瑛,译.北京：中信出版社,2004：13.
④ 胡百精.危机传播管理[M].3版.北京：中国人民大学出版社,2014：5.

(二)危机的特征

认识危机的特征是组织有效识别危机的前提,否则,对于危机的识别就可能出现盲点。结合事物发展"产生——发展——转化——影响"的逻辑阶段,孙梅(2013)指出危机至少包括四个特点:(1)不确定性,其发生状态、发生时间、发展、影响及转化不以人的意志为转移,具有高度不确定性。(2)急迫性,表现为危机发生时间的紧迫性,以及危机处理的紧迫性。(3)两面性,危机和机遇共存的两面性,具体表现为处理得当的决策通常会导致转机或另一个契机。(4)破坏性,即危机产生必定导致特定组织或系统程序中断或失序[1]。路江涌(2020)指出,危机的本质是不确定性和不连续性。在危机过程的四个阶段中,组织未来方向的不确定性和未来路径的不连续型呈现出不同的高低特征(图 1-1)[2]。"危机共存"是后红利时代的基本特征,换而言之,在"富贵险中求"的后红利时代,机会更多的是来自风险而不是机遇,即"危"和"机"共同存在,且相互转化[3]。

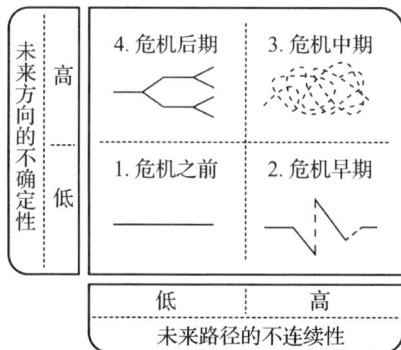

图 1-1 危机过程四个阶段的不确定性和不连续性

(图片来源:路江涌.危机共存:后红利时代的管理法则[M].北京:机械工业出版社,2020.)

---

[1] 孙梅.危机管理:突发公共卫生事件应急处理问题与策略[M].上海:复旦大学出版社,2013:3-4.
[2] 路江涌.危机共存:后红利时代的管理法则[M].北京:机械工业出版社,2020:20.
[3] 路江涌.危机共存,时代共演[J].家族企业,2020(12):38-39.

(三)本书观点

长期以来,管理学、社会学等多学科理论和实践研究者一直尝试对危机进行解析,期望能给出一个尽可能全面而确切的危机定义,以进一步剖析危机本质,探索危机管理的框架和方法。遗憾的是,由于不同研究视角的局限性,理论界迄今尚未形成一个能被普遍接受的"危机"定义。本书并不试图对"危机"这一概念进行重新界定,而是结合危机的各种定义和特征,基于社会组织这个研究对象,采用组织视角的危机定义,即危机是对组织造成潜在负面影响的一个非确定性事件,可能会对组织本身或组织资源造成巨大损失(Barton,1993)。因此,危机具有如下显著特征:

(1)作为一种非确定性事件,危机具有"突发性"。不论源于组织外部还是组织内部,很多危机事件都是突发性的,不易提前察觉,在没有准备的情况下突然发生。例如,由于组织外部的不可抗力如自然灾害(台风、洪水、地震等)、政府行为(征收、征用等)、社会异常事件(如战争、罢工、骚乱等)造成的危机,是人们难以掌控的客观因素引发的,具有客观上的偶然性和和主观上的不可预见性,需要组织提前拟订突发事件的危机管理预案。

(2)作为一种可能造成损失的事件,危机具有"危害性"。由于危机一般是在缺乏准备的情况下短时间内发生的,故容易带来高度的惊恐和混乱,并使得决策失误,产生巨大的损失。对一个组织而言,爆发的危机不仅会破坏正常的生产运营活动,还可能带来无形损失,如损害组织形象和信誉,从而不利于组织未来发展,甚至威胁到组织的生存。况且,组织要脱离危机并逐步恢复,也需要消耗相当的资源,甚至由于长期性的损害,无法恢复至危机前的状态。如果组织管理者不及时遏制危机,就可能导致危机事件之间相互传导,如同向水中投入石子一般,会引发层层涟漪,致使出现一系列的后续不利影响,即产生更大的危机。

(3)作为一种以组织为载体产生的事件,危机具有"公众性"。"好事不出门，坏事传千里"，信息传播渠道的多样化、速度的高速化、范围的全球化，使组织危机情境的公众关注度不断上升，相关的危机事件往往成为公众的关注焦点、媒体争相报道的"热门话题"。由于大众获取的危机信息主要来自媒体，因此，媒体对危机报道的内容和态度会影响公众对危机的看法，特别是由于牵涉自身利益，利益相关者更是十分关注危机的进一步发展及组织采取的危机管理措施，倘若组织在危机发生后反应缓慢、应对不利，必然破坏组织在社会公众中的良好形象，引发利益相关者的恐慌与担忧。因而，为获取社会公众的理解与支持，组织管理者需对危机做出快速和有效的反应。

（4）作为一种组织决策与管理的对象，危机具有"两面性"。

可以说，危机是一个转折点，"祸兮，福之所倚；福兮，祸之所伏"。这句古语辩证地阐述了危机危险性和机会性的两面性特征，即危机虽具有"危害性"，但同时具有"机会性"。危机可以分拆为"危害"和"机会"，可以理解为危险与转机互生的关键时刻、情境或状态，每一次危机本身既包含导致失败的根源，也孕育着成功的种子。普林斯顿大学诺曼·R.奥古斯丁教授认为，"发现、培育，以便收获这个潜在的成功机会，就是危机管理的精髓"。危机的"机会性"表现在：第一，组织如能通过危机认识到自身的不足和缺陷，及时采取有效措施对症医治，就能克服自身弱点，渡过危机的不稳定时期，因而可以把业已发生的危机视为组织日后发展的"疫苗"，避免类似危机再次影响组织的正常活动。第二，处于危机中心的组织往往是媒体关注的焦点，若组织对危机管理得当，不仅会使组织脱离困境，转危为安，还可能增强组织的正面形象，变坏事为好事，有助于成为组织发展新诱因，打开新局面。

二、危机传播理论

危机传播指在危机事件的发生前期、过程中期和事态后期，通过实现组织和其受众群之间的沟通对话，详细说明组织所要采取的战略和策略，从而将危机造成的损失降到最小[①]。在西方话语体系中,危机传播研究所关注的"危机"通常指"组织危机",所有的组织形态——包括政府机构、政党、企业、医院、学校、社会团体、社会组织,都是危机传播研究的潜在对象[②]。

具有管理学背景的学者一般将危机传播等同于危机管理,或把"危机传播"作为"危机管理"的一部分。在这一研究视角下,危机传播的本质就是一种特殊的管理活动,只不过管理的对象是危机中的传播现象,如库姆斯(Coombs,2001)认为对危机传播的研究应侧重于危机中传播策略的研究,即组织在危机事件发生后选择"说什么"和"怎么说",这种选择的过程也就是管理的过程[③]。高效的危机传播不仅能缓和或消除危机,而且有时能给组织带来比危机发生前更好的声誉。因此,传播的重要性在危机过程中逐渐凸显,危机传播成为危机研究中的一个单独的研究领域和极为重要的新兴研究领域,主要的危机传播理论有:

(一)形象战略理论

在危机传播研究中,威廉·L.班尼特的形象战略理论最有影响。班尼特认为:"个人或组织最重要的资产是它的声誉,就像其他有价值的资产一样,应从战略高度去维护声誉或公众形象。"[④]班尼特的形象战略理论建立在如下假设之上:声誉是个人或组织最重要的无形资产,应从战略高度最大限度去维护它;同时,对于危机来说,组织是天生脆弱的,而组织形象总是在一个流动的永远变化的环境中树立的,因此组织声誉处于特殊环境中并被操纵在别人手中。班尼特认为,个人或组织是追求声誉最大

---

① [美]凯瑟琳·弗恩-班克斯.危机传播——基于经典案例的观点[M].4版.陈虹,等,译.上海:复旦大学出版社,2013:3.

② 高晓虹,隋岩.国际危机传播[M].北京:中国传媒大学出版社,2011:14.

③ Coombs W T. Teaching the Crisis Management/Communication Course[J]. Public Relations Review,2001(27):89-101.

④ 高世屹.政论危机管理的传播学研究[M].济南:山东人民出版社,2005:224.

化的,总希望不断提高声誉,减少负面影响,而公众可能会包括各种不同的利益群体,需要对公众实施不同的战略措施以提高声誉。

目前,班尼特的理论已经被广泛用于各种危机事件处理中,该理论实际上就是个人或组织为维护放大声誉而采用的一系列战略方法,这种方法建立在攻击—防御、刺激—反应的基础上。据此,他提出了危机传播模式的五大形象恢复战略方法,即否认、逃避责任、减少敌意、亡羊补牢、自责。在班尼特形象战略理论指导下,为了修复组织形象,组织需要决策出是什么正在威胁声誉和形象,同时也要决定对哪些公众进行沟通和说服,以便能维持和重塑组织的良好形象。

首先,组织必须知道哪一类的公众持有消极印象,以及他们对组织的了解程度:公众了解的是全部真相、部分真相、一半真相,还是根本就是谎言?

其次,在危机传播过程中,组织在与目标受众进行沟通前也必须调查研究,以充分了解公众的立场。

最后,组织必须确定公众是否知道一些会危及组织荣誉的事实。有时候,组织经过持续认真的公众调研后,需要做出主观判断:保持沉默更为有利,还是将坏消息公之于众?

(二)卓越公关理论

马拉(1992)尝试建立一个卓越的危机公共关系模式,以便从业者能明确通过调整哪些变量可以促成危机传播计划生效,以及若不能调整哪些变量会造成危机传播计划失败。关于应对危机的技巧,马拉提出如下假设:

第一,在危机爆发前,一个公司如果与关键公众群建立了牢固的、发展良好的关系,会遭遇较少的财务损失、情感伤害和感知伤害。反之,如果公司与关键公众群的关系是脆弱的、不稳固的,一旦危机爆发,公司会陷入十分窘迫的困境中。其中,公司关键的公众群不仅包括媒体,还包括公司的员工、顾客、社区成员等。

第二,如果公司健全并落实持续的危机传播措施,并在危机爆发前做好危机传播计划,会与重要的客户群建立更牢固的关系。

基于卓越的危机公共关系模式理论,J. 格鲁尼格和雷珀(1992)认为,若公司明确利益相关者,并尽早解决公司与公众互动过程中产生的问题,公共关系就可成为公司战略管理过程中必不可少的一部分,同时又能从战略角度对公共关系进行管理,提高公司效率。卓越的公共关系计划和杰出的危机传播计划都具有如下特征:

第一,公共关系计划和危机传播计划都是为了使机构或公司与其所有重要利益相关者建立良好的关系。

第二,要通过调查研究确定谁是公司最重要的利益相关者,并将其放在重要位置上。这些利益相关者包括但不限于公司顾客、大众媒体、公司员工、竞争对手、联合公会、特殊利益团体、小商贩、供货商、环保组织、消费者协会和批评家。

第三,为每一个重要的利益相关者制订不断更新发展的公共关系计划。这些计划有时能预防危机,有时有助于减轻危机的严重性。

第四,公共关系将广大公众细化成更小的公众群,能更高效地与其进行事务或问题沟通。举例而言,如果一个教育公益组织想针对所有小学开展一个项目,可能将该项目对准国家教委或者教师联盟,因为这些机构的成员都是教育行政管理者或教育家,能和小学产生联系,反之,不对利益相关者进行细分教育。公益组织可能只通过媒体发布一则消息,希望小学教师通过阅读某一特定文章,在课堂上与学生针对该文章内容进行交流。

第五,公共关系部门须预测出潜在危机事件,并将这些事件按照对公司造成的危害等级进行排列,进一步制定并落实相关战略和战术,以减小危机发生的可能性。其中,最关键的要素是尽早辨识出潜在危机,就像在打喷嚏变成流感前治愈好它。处理的方式可能包含:与潜在的对手建立同盟关系,或者同社区积极分子沟通,解释接下来实施的步骤。

(三)跨文化转向理论

随着数字媒体的普及,数字传播使得不同区域、社会、文化群体之间的网络化和参与化程度越来越高。建立于传统媒介时代的"形象修复理论""卓越公关理论"等危机传播主流理论,已无法充分解释利益相关者利益在危机应对和声誉管理时所面对的复杂性,无法跟上数字传播持续变化的步伐。有研究者描绘了危机传播研究的未来发展方向,提出了危机传播的跨文化转向理论,指出:文化可被作为诠释危机传播的重要变量,跨文化性的危机传播由"非常态"事件或状态的传播过程中复杂的、动态的配置组成,组织(如政府或商业机构)和其中一个或多个来自全球范围内的利益相关者将"非常态"事件或状态视作危机,在该过程中,来自不同国家、社会和文化集体的混合行动者、语境和对话通过数字媒体平台争取话语权。[①]

三、危机管理要诀

(一)危机管理的含义

作为管理学的重要研究领域与研究对象,危机管理的概念自 20 世纪中期被提出以来,其理论研究与应用实践日趋活跃,呈现出多元化和全面融合趋向,目前,危机管理理论在个体层面上运用心理学、博弈论,在组织层面上运用组织理论、管理理论,在社会层面上运用社会学、政治学、经济学等众多学科的有益思想,并被广泛应用于公共管理与企业管理领域。由于对危机的界定存在差异,不同领域或组织体系的研究者对危机管理的界定也相应地有所差异,比较有代表性的定义如下:

对危机管理首次进行的较为系统的研究与定义的是著名咨询专家史蒂芬·芬克(Steven Fink,1986),在《危机管理——对付突发事件的计划》

---

① 强月新. 新闻与传播评论(2017 春夏卷)[M]. 北京:中国传媒大学出版社,2017:166-171.

一书中,他指出,危机管理是"对于组织前途转折点上的危机,有计划地挪去风险与不确定性,使组织更能掌握自己前途的艺术"①。皮尔森和克莱尔(Pearson C M&Clair J A,1998)将危机管理界定为企业以外部利益相关者(Stakeholders)为导向而进行的规避危机事件或者有效处理已经发生的危机事件的活动②。

国内学者苏伟伦(2000)认为危机管理是组织或个人通过危机监测、危机预控、危机决策和危机处理,达到避免、减少危机产生的危害,甚至将危机转化为机会的目的③。孙多福等(2004)认为,危机管理包括对危机的事前、事中、事后所有方面的管理,有效的危机管理需做到如下几个方面:转移或缩减危机的来源、范围和影响;提高危机初始管理的地位,加强危机预警;改进危机冲击的反应管理;完善修复管理,以便能够迅速有效地减轻危机造成的损害;重视危机事后的总结、学习④。

随着移动智能设备的广泛使用及社交媒体网站、在线社区的兴起,大众可以通过新的信息媒介去寻求和发布危机事件信息,在此背景下,刘颖等(2016)提出,众包危机管理将成为互联网时代危机管理的新发展趋势,这一危机管理的本质是一种由互联网大众数据所驱动的管理方式,强调互联网社交媒体技术的应用,以及大众的参与,利用"大众的力量"去参与危机管理⑤。这种参与式的危机管理颠覆了传统的单向危机管理方式,提高了危机管理的效率。

对危机管理概念的界定多侧重于从危机生命周期的视角来进行,包含组织对危机的事前监控、事中处理与事后恢复,其中有的侧重于危机的

---

① 转引自:孙梅.危机管理:突发公共卫生事件应急处置问题与策略[M].上海:复旦大学出版社,2013:8.

② Pearson C M, Clair J A. Reframing Crisis Management[J]. Academy of Management Review,1998,23(1):59-76.

③ 苏伟伦.危机管理:现代企业实务管理手册[M].北京:中国纺织出版社,2000:1.

④ 孙多福,鲁洋.危机管理的理论发展与现实问题[J].江西社会科学,2004(04):29.

⑤ 刘颖,刘咏梅.众包危机管理理论研究——社会公共危机管理新方向[J].探索,2016(02):109-115.

规避,有的侧重于危机的事中处理,而有的则主张从信息传播的角度来研究危机管理。不管侧重于对危机的哪一个生命周期阶段进行管理,危机管理的终极目标都是最大限度降低或消除危机带来的损害。

(二)危机管理的职能

不同研究领域,对危机管理的职能理解有所不同,有的将危机中组织对内、对外的沟通传播作为核心内容,有的将组织对危机的控制视作主要职能,而管理学视角主张更全面地认识危机管理的职能。

1. 预防职能

春秋·左丘明《左传·襄公十一年》有言:"'居安思危',思则有备,有备无患。"居安思危是一种超前的危机意识和忧患意识,对危机管理有着重要的借鉴意义,反映出危机管理的预防职能,即要对可能引起危机的因素进行严密的跟踪,对可能出现的危害及其程度做出准确的评估,从根本上将危机消灭在萌芽阶段。正如魏文王问扁鹊,曰:"子昆弟三人,其孰最善为医?"扁鹊曰:"长兄最善,中兄次之,扁鹊最为下。"魏文王曰:"可得闻邪?"扁鹊曰:"长兄于病视神,未有形而除之,故名不出于家;中兄治病,其在毫毛,故名不出于闾;若扁鹊者,镵血脉,投毒药,副肌肤,闲而名出闻于诸侯。"扁鹊认为,大哥医术最厉害,是因为他能治病于病情发作之前,二哥次之,因为他能治病于病情初起时,而我治病,是治病于病情已经严重之时,所以我的医术在三个人之中是最差的。这一中国传统文化故事表明,对管理者而言,事后控制不如事中控制,事中控制不如事前控制,把隐患消灭在危机萌芽状态,防患于未然才是危机管理最好的结果,因此,危机的预防职能是危机管理的首要职能。

2. 决策职能

决策是管理的核心,诺贝尔经济学奖得主西蒙曾说过,管理就是决策,决策充满了整个管理过程。危机事件是风险的集中体现,它的爆发具有一定的偶然性,人们事先往往难以准确估计到,无法迅速找到根源,难以准确判断事态发展方向,但又需要决策者面对突发性风险立即做出决策。决策的核心是在分析、评价、比较的基础上,对活动方案进行选择。从危机的生命周期看,不论是对危机事前、事中、事后,还是对危机管理的主体、危机的利益相关者,都有必要进行科学评估,从而做出应对决策。而由于时间紧迫、可利用的资源有限、沟通不畅、情境复杂等因素,危机状态下的决策对组织的危机管理举措提出了更高的要求。

3. 领导职能

领导是领导者在一定的客观环境中,通过一定的组织形式和方法,对被领导者施加影响,共同作用于客观对象,以实现某一既定目标的行为过程。由于领导具有"统领""引导"的整体性组织功能,尤其是领导决策规定了组织目标及其达到目标的途径和措施,因而它成为组织行为的指南和准则。马克思指出:"凡是有许多个人进行协作的劳动,过程的联系和统一都必然要表现在一个指挥的意志上,表现在各种与局部劳动无关而与工场全部活动有关的职能上,就像一个乐队要有一个指挥一样。"社会组织活动千姿百态,就其具体过程分析,是一个环环相扣的链条,其中主要环节有建立组织、选才用人、收集信息、确立目标、制订计划、组织实施、检查监督、控制调节、总结完善等,因此,领导贯穿于社会组织和社会生活的全过程,领导正确与否关系到社会组织活动的成败[①]。危机中的组织和领导在危机的管理过程中有着举足轻重的作用。危机的发生会导致组织战略的改变,所以领导者要具有危机意识、随机应变能力、开拓进取的品格,成立危机管理小组,对当时的社会环境、国家政策、社会价值观、行业环境进行全面分析,制定出适合本组织的危机管理战略,建立合理的危机管理组织模式,打造强有力的领导核心,这对危机管理有着重要意义。

---

① 马振耀,唐道阳,尹小悦. 领导科学[M]. 长春:吉林大学出版社,2019:19-20.

4.控制职能

控制职能是管理者为保证实际工作与计划一致,为有效实现目标而采取的有组织、有计划、持续动态的管理过程,是危机管理顺利进行的重要保障。在危机发展的不同阶段采取一系列的控制行动,才能保证对于危机事件的有效控制,使之朝着好的方向发展。尤其对现今互联网时代而言,危机事件具有高度互动性特征。互动性使信息和思想的交换更经济、更广泛、更深入、更有效、更便捷地进行,然而,互动性也放大了危机传播的频度和广度使各种声音难以辨识、难以控制,因此,危机管理的各项决策与计划在实施过程中,都有可能遇到各种内、外因素的干扰,在危机的混乱与无序状态下,这种干扰通常愈发频繁与复杂。只有在危机的干扰要素出现之前或出现之初就设立预警机制,及时排除,才能保障决策与计划的顺利实施,有效地控制危机演化升级。

5.创新职能

创新是危机管理的基本职能:一方面,危机管理中所遇到的时间、地点、环境、人员以及利益相关者等都不可能再被复制;另一方面,危机本身也具有不确定性、隐蔽性、扩散性等特点。在这种情况下,危机管理虽有章可循,受一定的危机管理理念指导并统一于一定的管理模式中,但并不意味着危机管理的方法、模型、制度、工具、程序等一成不变,普遍适用。制度创新是危机管理创新的核心环节,制度的完备性和创新性从根本上影响管理的成效[①]。

(三)危机管理的模式

危机的形成有一个自然的时间周期,包括发生、发展、高潮、恢复的过

---

① 杨澜,郑伟.大数据背景下高校危机管理模式创新的内容、理念与原则[J].湘潭大学学报(哲学社会科学版),2021,45(02):51-59.

程,因此,根据危机的生命周期特点,对于危机管理模式的认识与划分过程有几种代表性观点,即危机管理模式的四阶段、五阶段、六阶段论(表1-1)。

表 1-1　　　　　　　　　　　　危机管理模式的类型

模式类型	提出者	管理阶段	管理任务
六阶段模式①	诺曼·奥古斯丁(Norman R. Augustine),2001 年	(1)危机避免阶段	预防危机发生,竭力减小风险,对无法避免的风险有恰当的保障机制
		(2)危机管理准备阶段	建立危机处理中心,制订应急计划,事先选好危机管理小组的成员,提供完备、充足的沟通系统等
		(3)危机确认阶段	确认危机发生并探究根源
		(4)危机控制阶段	确定危机工作优先次序,将危机损失控制到最小
		(5)危机解决阶段	采取有效措施使组织度过危机
		(6)危机利用阶段	总结经验教训,提供一个至少能弥补部分损失和纠正造成错误的机会
五阶段模式②	安·米特罗夫(Ian I. Mitroff)和克里斯汀·皮尔森(Christine M. Pearson),1993 年	(1)危机信号侦测阶段	识别危机发生的预警信号
		(2)危机准备与预防阶段	对可能发生的危机做好准备并努力减少危机潜在损害
		(3)危机损失控制阶段	在危机发生后,采取有效策略和行动,全力以赴控制损失
		(4)危机恢复阶段	尽快从危机伤害中恢复过来,实现正常运转
		(5)危机学习阶段	吸取经验和教训,以规避危机或在新的危机中提升管理效率

① [美]诺曼·奥古斯丁,等.危机管理[M].北京:中国人民大学出版社,2001:1-13.
② Ian I. Mitroff, Christine M. Pearson. Crisis Management:Diagnostic Guide for Improving Your Organization's Crisis-Preparedness. New York:Jossey-Bass Inc. , 1993:10-11.

（续表）

模式类型	提出者	管理阶段	管理任务
四阶段模式（4R模式）①	罗伯特·希斯（Robert L. Heath），2004年	（1）缩减阶段	通过风险评估与管理，预防危机发生和减少危机发生后的冲击程度
		（2）预备阶段	通过预警、培训和演习，企业做好处理危机的准备
		（3）反应阶段	在危机爆发后，合理地运用各种资源和管理方法，在尽可能短的时间内遏制危机的发展，防止事态进一步恶化
		（4）恢复阶段	确认危机带来的冲击和影响，制订危机恢复管理计划，对危机管理工作进行评估

可见，不管分为几个阶段，危机管理的本质大同小异，危机管理实际上是一种时间序列的过程管理。在以上危机管理模式理论中，4R模式是比较被广泛认同的管理模式，基于4R危机管理理论的科学性和广泛实用性，国内学者将其用于企业管理、公共管理等多个领域，如《4R危机管理理论视域下基层政府的危机应急短板及防控能力提升——以新冠肺炎疫情应对为例》②、《基于4R危机管理理论的政府网络舆情危机应对手段研究》③、《基于4R危机管理理论的高校安全防控体系构建》④等。

在罗伯特·希斯的危机管理4R模式中，从管理的角度讲，危机管理的首要环节是危机缩减，主要通过风险评估、系统要素优化、人员培训等缩减危机发生的可能性和冲击力；危机管理的防范环节是危机预备，主要通过制定完善的危机预警系统、训练和演习来不断提高组织及成员应对

① ［美］罗伯特·希斯.危机管理［M］.王成，宋炳辉，金瑛，译.北京：中信出版社，2004：20-23.

② 李全利，周超.4R危机管理理论视域下基层政府的危机应急短板及防控能力提升——以新冠肺炎疫情应对为例［J］.理论月刊，2020（09）：73-80.

③ 张玉亮，杨英军.基于4R危机管理理论的政府网络舆情危机应对手段研究［J］.现代情报，2017（09）：75-80.

④ 孟亮，张光磊.基于4R危机管理理论的高校安全防控体系构建［J］.现代大学教育，2017（07）：91-96.

危机的能力;危机管理的策略环节是危机反应,主要通过危机沟通、媒体管理、决策制定等方法提升处理危机的效果;危机管理的后续工作是危机恢复,主要着手形象恢复及经验总结,使组织尽快摆脱危机阴影,同时避免重蹈覆辙。

在危机管理的反应和恢复时期尤其强调公众特别是利益相关者的认知。对企业而言,在危机反应和恢复时期,要获得积极有效的危机管理,需要对利益相关者(如企业的利益相关者如企业的直接或间接投资者、顾客、债权人、员工、供应商、产品用户、股票持有人、所有者以及政府调控机构)中的每一位都进行有效的管理①,不幸的是,大多数企业过于将注意力集中于资源管理,对与人的沟通却重视不够,特别是与利益相关者沟通贫乏,和外界协调关系不足。

第二节　危机与社会组织

一、社会组织概念辨析

(一)社会组织的含义

19 世纪初,美国出现了大量非营利社团,随着志愿传统与社会组织自治精神的发展,美国非营利组织数量逐渐增多,规模增大,涉及范围也更广,种类不断丰富,因此,美国学者更早对社会组织的定义进行研究,其定义对世界各国社会组织的发展起到一定的推动作用,如:美国 Salamon L M(1981)依据社会组织的特性来定义社会组织,即社会组织兼具"自治

---

① ［美］罗伯特·希斯.危机管理［M］.王成,宋炳辉,金瑛,等,译.北京:中信出版社,2004:30.

性、组织性、非营利性、非政府性、志愿性"五种特性[①]。美国学者 T. Levitt
(2002)认为,具备非政府性、非市场性特性且从事政府和市场不愿意、不
擅长的工作的组织可称为社会组织[②]。关于"社会组织"这一称谓在学界
和官方文件并没有达成统一,国际、国内均未有统一标准:国际上,"社会
组织"被称作"社会组织"(NGO)、"非营利组织"(NFO)、"第三部门"(The
Third Sector)等;在国内,社会组织也有"慈善组织""民间组织""志愿者
组织"等称谓。

国内学者对社会组织的定义有不同的认识。孙伟林(2009)认为,社
会组织作为人类社会一种基本的组织制度形式,有广义和狭义之分:广义
的"社会组织"是指人们为实现特定目标而建立的共同活动的群体,与政
府组织、经济组织并列;狭义的"社会组织"仅指由自然人、法人和其他组
织为满足社会需要或部分社会成员需要而设立的非营利性组织,包括社
会团体、基金会和民办非企业单位[③]。王名(2010)认为,已在政府登记注
册和互联网媒介能检索到的称作社会组织,社会上对社会组织的称谓多
样,如"基金会""协会""商会"等[④]。广义的社会组织主要是指从事服务提
供、利益代言、社会支持、资源募集等业务,具有非营利特征的一类组织[⑤]。
张海军(2012)认为社会组织是现代社会结构分化的产物,是一个在社会
政治制度与其他非政治制度不断趋向分离过程中所衍生的社会自组织系
统的重要组成部分[⑥]。候飞(2013)将社会组织分类为文化协会、宗教协

---

① Salamom L M. Rethinking Public Management:Third-Party Government and the Changing Forms of Government Action[J]. Public Policy,1981(3):155-174.

② 赵挺.美国地方政府购买社会组织服务中的融合模式及其借鉴[J].科学发展,2019(09):107-113.

③ 孙伟林.社会组织管理[M].北京:中国社会出版社,2009:1.

④ 王名,孙伟林.我国社会组织发展的趋势和特点[J].中国非营利评论,2010,5(01):1-23.

⑤ 国务院发展研究中心社会发展研究部课题组.社会组织建设:现实、挑战与前景[M].北京:中国发展出版社,2011:1.

⑥ 张海军."社会组织"概念的提出及其重要意义[J].社团管理研究,2012(12):31-32.

会、慈善团体、基金会等[①]。石晓天(2015)以官方社会组织网信息为准,将已在政府登记注册、社会组织网发布公示的组织团体称为社会组织[②]。赖佩媛(2016)采用狭义上的社会组织定义,即指非营利性组织、基金会、社会团体和民办非企业单位及各种草根组织、社区组织及各类社会团体组织,这些组织享有相对固定的成员、有限的权力、共同的愿景以及规范的内部管理章程,存在于政府与市场之外,向社会某个领域提供社会服务,是具有公益性、非营利性、自治性、志愿性、社会性等特征的互益性或公益性团体,是参与中国国家治理的、以马克思主义理论为指导的、具有中国特色社会主义性质的群团组织[③]。刘纯燕(2020)则认为,社会组织指的是在政府部门注册登记的、具备"自治性、组织性、非营利性、非政府性、志愿性"五个特性的社会团体、基金会和民办非企业单位[④]。总体看来,目前学术界较为认可的官方标准是《辞海》(第6版)对"社会组织"的界定,即"①一个社会或群体内有关各部分相互联系的总称,是分析社会结构体系中各组成部分之间相互依存和构成形式的重要概念。②人们为执行某种社会职能、完成特定的目标而建立的共同活动的群体。其要素:有一定人数的固定成员;有某种认同的目标;有一个规范性的组织章程;有一个具有权威性的分层领导体系;有一定的物质设备作为组织的场所和工具"。

在国家相关政策中,社会组织概念第一次被提出是在2006年10月中国共产党十六届六中全会通过的《中共中央关于构建社会主义和谐社会若干重大问题的决定》中。该决定指出,要"支持社会组织参与社会管理和公共服务","发展和规范律师、公证、会计、资产评估等机构,鼓励社会力量在教育、科技、文化、卫生、体育、社会福利等领域兴办民办非企业

---

① 候非.社会组织参与社会治理路径研究[D].重庆:西南大学,2013.

② 石晓天.工会枢纽型社会组织建设现状及其反思——以广东省为例[J].中国劳动关系学院学报,2015(04):43-49.

③ 赖佩媛.社会组织在中国国家治理中的作用研究[D].北京:中共中央党校,2016.

④ 刘纯燕.社会组织参与社区照护服务的模式研究——以广东省为例[D].上海:上海工程技术大学,2020.

单位","发挥行业协会、学会、商会等社会团体的社会功能","发展和规范
各类基金会,促进公益事业发展",可见,律师等机构、民办非企业单位、行
业协会等社会团体、各类基金会均属于国家政策中的"社会组织"范畴。
2015年,中共中央办公厅印发《关于加强社会组织党的建设工作的意
见》,对社会组织的组成做了新的规定,包括社会团体、民办非企业单位、
基金会、社会中介组织以及城乡社区社会组织等①。其中,社会组织、民办
非企业单位、基金会是在民政部门登记的组织类型,其他组织类型为新增
内容;社会中介组织、城乡社区社会组织既包括在工商注册为企业法人的
律师事务所,也包括没有注册的非法人,如在基层为老年人服务的老龄协
会,自发组织起来的一些兴趣组织,如跳舞协会②。2016年,中共中央办
公厅、国务院办公厅印发《关于改革社会组织管理制度促进社会组织健康
有序发展的意见》指出,以社会团体、基金会和社会服务机构为主体组成
的社会组织,是我国社会主义现代化建设的重要力量③。中国社会组织政
务服务平台将社会组织按"社会团体、民办非企业单位、基金会"三个类型
进行划分。

总体看来,目前国内外学者对社会组织概念的理论研究逐步全面化
和系统化,虽然不同学者以及相关政策对社会组织概念的定义和范畴的
划分有所区别,但是在社会组织的主体构成及社会组织的特性方面基本
达成共识。

(二)本书研究对象

在借鉴中国社会组织政务服务平台关于社会组织类型的划分方式以
及《关于改革社会组织管理制度促进社会组织健康有序发展的意见》的基

---

① 新华社.中共中央办公厅印发《关于加强社会组织党的建设工作的意见(试行)》.中央政府门户网
站,2015-09-28.

② 徐家良,等.改革开放后上海社会组织创新发展研究[M].上海:上海交通大学出版社,2018:12.

③ 中共中央办公厅 国务院办公厅印发《关于改革社会组织管理制度促进社会组织健康有序发展的
意见》.中华人民共和国国务院公报,2016年第25号.

础上,本书限定主要研究对象为社会组织的主体组成部分,即在各级民政部门依法登记的社会团体、基金会和社会服务机构。

1. 社会团体

社会团体是自然人、法人或其他组织自愿组成,为实现会员的共同意愿,按照章程开展活动的非营利性社会组织[①]。与政府组织、企业组织有所区别的是,社会团体是以提供社会服务为导向的非营利组织,主要有以下几种类型:

(1)根据共同生活和工作兴趣而组建,如桥牌协会、登山协会、法学会、商业经济学会等;

(2)根据共同职业特点而组建,如律师协会、汽车工业协会、钢铁工业协会、职业教育社团等;

(3)根据共同私人利益而组建,如同学会;

(4)根据公共利益而组建,如红十字会、志愿者协会;

2. 基金会

根据 2004 年 3 月发布的《基金会管理条例》第二条规定,基金会是指"利用自然人、法人或者其他组织捐赠的财产,以从事公益事业为目的,按照本条例的规定成立的非营利性法人",分为面向公众募捐的基金会(公募基金会)和不得面向公众募捐的基金会(非公募基金会)。基金会具有以下特点:

(1)基金会设立的唯一目的是公益,受益对象是符合其章程规定业务范围条件的不特定的组织或个人,受益对象具有广泛的社会性;

(2)基金会的财产来源于特定或不特定人群的捐赠,也具有广泛的社会性;

(3)基金会要加强自律,同时要接受政府、捐赠人以及社会各方面的

---

① 徐家良.社会团体导论[M].北京:中国社会出版社,2011:1-2.

监督,基金会的一切活动都应向社会公开,以成为公开、透明的社会组织[1]。

3. 社会服务机构

1998 年 10 月,国务院发布《民办非企业单位登记管理暂行条例》,将民办非企业单位界定为"企业事业单位、社会团体和其他社会力量以及公民个人利用非国有资产举办的,从事非营利性社会服务活动的社会组织"。从行业和活动领域看,民办非企业单位主要集中和活跃于以下领域[2]:

(1)教育事业,如民办幼儿园,民办小学、中学、学校、学院、大学,民办专修(进修)学院或学校,民办培训(补习)学校或中心等;

(2)卫生事业,如民办门诊部(所)、医院,民办康复、保健、卫生、疗养院(所)等;

(3)文化事业,如民办艺术表演团体、文化馆(活动中心)、图书馆(室)、博物馆(院)、美术馆、画院、名人纪念馆、收藏馆、艺术研究院(所)等;

(4)科技事业,如民办科学研究院(所、中心),民办科技传播或普及中心、科技服务中心、技术评估所(中心)等;

(5)体育事业,如民办体育俱乐部,民办体育场、馆、院、社、学校等;

(6)劳动事业,如民办职业培训学校或中心、民办职业介绍所等;

(7)民政事业,如民办福利院、敬老院、托老所、老年公寓,民办婚姻介绍所,民办社区服务中心(站)等;

(8)社会中介服务业,如民办评估咨询服务中心(所)、民办信息咨询调查中心(所)、民办人才交流中心等;

(9)法律服务业,如民办法律咨询援助中心等;

---

① 陶传进,刘忠祥.基金会导论[M].北京:中国社会出版社,2011:10.
② 景朝阳.民办非企业单位导论[M].北京:中国社会出版社,2011:5-6.

（10）其他民办事业。

根据民政部《2020 年民政事业发展统计公报》，截至 2020 年底，全国共有社会组织 89.4 万个，比上年增长 3.2％，其中，社会团体 31.5 万个，民办非企业单位 51.1 个（图 1-2），基金会 8 432 个（图 1-3）。

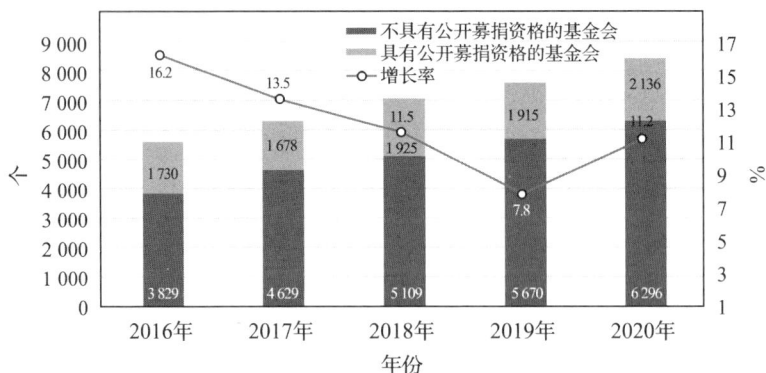

图 1-2　2016—2020 年全国基金会情况

（图片以及数据来源：中华人民共和国民政部网站，2020 年民政事业发展统计公报）

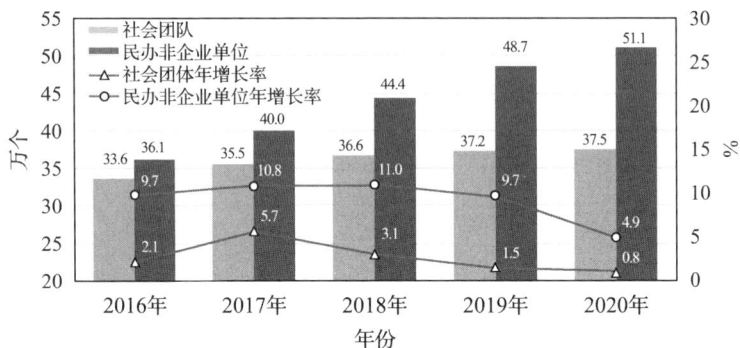

图 1-3　2016—2020 年全国社会团体、民办非企业单位情况

（图片以及数据来源：中华人民共和国民政部网站，2020 年民政事业发展统计公报）

2016 年 6 月，民政部就《民办非企业单位登记管理暂行条例（修订草

案征求意见稿)》公开征求意见,在第一章第二条中规定,"本条例所称社会服务机构,是指自然人、法人或者其他组织为了提供社会服务,主要利用非国有资产设立的非营利性法人"。可见,未来"社会服务机构"将取代"民办非企业单位"成为新的社会组织概念。

"民办非企业单位"这一称谓有所不足:一方面,从字面理解容易涵盖其他组织,如基金会、社会团体等社会组织也都是民办的,也都是"非企业";另一方面,不能准确反映其以提供社会服务为组织使命的特征。较之"民办非企业单位","社会服务机构"的称谓比较准确:一是"社会"二字表明其是来自社会部门的组织,界定了设立组织时的资产来源,即不同于自然人、法人或者其他组织利用国有资产设立的国家部门的组织;二是"社会"二字反映了这类组织的非营利性属性,不同于公司、合伙企业等市场部门的营利性组织;三是"服务"二字更清楚地彰显了组织的使命——提供社会服务[①]。

作为社会组织的主体,社会团体、基金会和社会服务机构具有社会组织的一般特征,具备"自治性、组织性、非营利性、非政府性、志愿性"五个特性:

其一,自治性指社会组织开展工作的依据是法律法规和本组织的章程,不受到外来因素的干扰。

其二,组织性指社会组织基于人的结合或者财产的结合。一方面是适应性社会结构,作为根本需要的"系统自身的维持",社会组织在其环境中与各种社会力量相关,而作为一个整体的组织的可靠性,这要求社会组织注意防止来自其他行动者的侵犯行为或有害后果[②];另一方面是一种团体性极强的社会实体,同任何个体相比,社会组织具有结构和功能上的优势,容易产生集合效应。

---

① 赵青航.从民办非企业单位到社会服务机构[J].中国社会组织,2017(03):58-59.
② [美]赖特·米尔斯,[美]塔尔考特·帕森斯,等.社会学与社会组织[M].何维凌,黄晓京,译.杭州:浙江人民出版社,1986年:139-147.

其三,非营利性指社会组织的宗旨是不以营利为目的,服务社会,发展公益事业,为社会提供公益性服务,其组织利润不能用于成员间的分配和分红,同时,组织资产不能以任何形式转变为私人财产。

其四,非政府性指社会组织的产生是以社会旨趣而不是以国家职能为基础,在组织体制上独立于政府之外,并在提供公共服务和承担公共责任上区别于政府。

其五,志愿性指社会组织成员是在自由选择的基础上自觉自愿行动,社会组织建立价值取向的内在动力正是源自志愿性。

二、社会组织的发展经验

社会组织已经成为一种重要的经济力量,对社会建设、经济发展、科教文化、政治进步有着不可或缺的积极影响。研究社会组织的成功发展经验,对基于利益相关者视角进一步研究社会组织的危机管理问题有重要意义。

(一)建立强大的公众参与体系

社会组织是代表民众利益的组织或群体,能得到很好的群众回应,有着强大的群众基础。根据《"十四五"社会组织发展规划》统计数据显示,截至 2020 年底,全国社会组织固定资产 4 785.5 亿元,吸纳就业 1 061.8 万人;各类社会组织广泛参与脱贫攻坚,实施扶贫项目超过 9.2 万个,投入各类资金 1 245 亿元;积极参与疫情防控和复工复产,累计接受社会各界捐赠资金约 396.27 亿元、物资约 10.9 亿件。因此,要想提高社会组织的价值,就要与公众建立扎实的信任机制,动员更多有能力的公众提供志愿服务或捐赠资产,鼓励全社会公民积极投入社会组织的公益活动当中。社会公众的参与,不仅能为社会组织提供一定的人力、物力、财力,还能通过信任机制的建立来监督和约束社会组织的行为,本质上是社会组织运行的一种他律机制。

(二)建立严格的内外约束机制

社会组织的命脉在于其公信力,公众与社会组织间的信任机制是支撑社会组织健康发展的内在力量,因此维护这一信任机制、避免公民对社会组织的存在价值产生怀疑至关重要。基于此,社会组织要高度注重活动行为的公益性、提升资源利用的透明性和合理性,不断加强对社会组织的监管和约束,提高社会组织的内在约束力,特别要注重各界对社会组织发展的监督。一方面,组织内要设立明确和具体的组织信念和使命,在组织章程中设定准确的自律标准,及时进行信息公开,建立一套约束组织行为的伦理规范、自我评估及社会交代机制;另一方面,保障公信力的一个重要基础就是财务管理的规范与公开透明性[①]。

(三)建立友好的政府合作关系

政府与社会组织在提供公共物品和服务的过程中存在明显的差别,社会织组体系很好地弥补了政府与市场失灵的缺陷,从另一个角度整合了社会资金、人力、信息等资源,鼓励了社会公众共同参与经济建设,有效扩大公共服务供给的覆盖面,同时也为塑造志愿服务、强化慈善心理、培育互帮互助的民族文化提供了协调共进的社会环境,因此,政府与社会组织之间的合作伙伴关系成为越来越多社会组织的策略选择。

建立友好的政府合作关系强调社会组织与政府组织的合作以及相互平等的治理主体概念,社会组织与政府的合作不再是传统理念下的政府通过发号施令、正式组织结构以及自上而下的权力结构来实现合作的,而是基于双方平等互动、协商基础上的合作:政府侧重于对整个社会的宏观统筹、指导管理,而社会组织则负责公共服务领域相关活动的开展,是独立于政府干预开展的公益性活动,同时又代表公民权益与政府组织进行沟通,影响政府的相关决策;政府也可以采取政府购买或投资的方式对社

---

① 张勇,周雪.非政府组织公信力建设路径——基于公共理性的研究视角[J].人民论坛,2011(23):66-67.

会组织给予资金上的支持,并监管社会组织的成立、管理标准,最终形成良性、平等的合作互动模式。

三、社会组织危机的类型

近年来,"善心汇"骗局、公益人雷闯事件、罗尔事件等负面事件频出,给公益事业造成了前所未有的信任危机,致使社会组织公信力不足。任何一个社会组织都有可能遇到危机,尽管没有哪一个社会组织能列出未来可能遭遇的所有危机类型,并洞察这些潜在危机的所有诱因,但是,"见烟知火,见木识林",如果社会组织能对组织运营管理体系中最容易诱发潜在危机的薄弱环节予以密切关注并进行合理预测,就能具有制定针对性和可行性的危机管理预案,并在危机管理实践过程中进行不断的优化和完善。社会组织危机诱因可能源自内部和外部,但对组织的负面影响和损害路径都是相似的,其具体形式主要包括法律责任、内部治理、网络舆论等方面。

(一)法律责任危机

近些年,社会组织在资源、人才、政策、资金甚至地理区位方面实现了高速成长,这种高速成长给社会组织的健康、良性发展带来了诸多问题,一些社会组织是在非规范化的法律法规及政策环境氛围中成长起来,表现出对法律的漠视、对规则的蔑视,这些都使社会组织面临着巨大的危机和隐患。近年来,社会组织频繁爆发法律责任危机,凸显了背后深层次的法律法规以及政策体制等问题。由于目前我国社会组织管理体系内的法律、法规、政策不尽完善,其危机带来的有形、无形损失却大得足以让社会组织形象遭遇巨大损害,短期内更是难以恢复。据中国社会组织政务服务平台显示,近三年,中国社会艺术协会、中华文化促进会、中国中药协会、中国商业经济学会等社会组织因为违法取得收入受到民政部的行政处罚(表1-2)。

表 1-2 　　　　　　2019—2021 年社会组织行政处罚案例（没收违法所得）

序号	社会组织名称	社会信用代码	决定书文号	处罚结果	处罚事由
1	中国社会艺术协会	5110000 0500017 263C	民罚字〔2021〕6 号	警告并处没收违法所得 40 万元	2019 年 3 月至 4 月期间,中国社会艺术协会向分支机构互联网艺术考评委员会、艺术素质教育委员会分别收取管理费各 20 万元,共计 40 万元,违反了《关于规范社会团体开展合作活动若干问题的规定》第十条第三款"社会团体不得向其分支机构(代表机构)、专项基金管理机构收取或者变相收取管理费用"的规定。
2	中华文化促进会	5110000 0500009 212T	民罚字〔2021〕2 号	停止活动 3 个月并处没收违法所得 235.3765 万元	中华文化促进会于 2019 年向高僳文化研究工作委员会、主持人专业委员会、舞蹈艺术委员会、冰雪工作委员会、传统文化委员会、文物与传播委员会、摄影 PUA、朗读专业委员会、家族文化委员会、糕饼文化委员会、新媒体中心、大数据中心、音乐产业委员会、品牌文化委员会、汉江文化委员会、艺术创新与融合委员会、科技文化委员会、文化与传播工作委员会、应叔文化工作委员会等19 家分支机构变相收取管理费,违法所得 182 万元,违反了《关于规范社会团体开展合作活动若干问题的规定》第十条第三款"社会团体不得向其分支机构(代表机构)、专项基金管理机构收取或者变相收取管理费用"的规定。2018 年和 2019 年,中华文化促进会分支机构朗读专业委员会在举办"全民悦读朗读大会暨青少年朗读课文大会"过程中,违规开展评比表彰活动,向参赛选手收取费用 991.136 万元,活动支出 937.7595 万元,违法所得 53.3765 万元,违反了《社会组织评比达标表彰活动管理暂行规定》(国评组发〔2012〕2 号)第三条、第四条、第五条的规定。上述两项违规收费行为的违法所得共计 235.3765 万元。

（续表）

序号	社会组织名称	社会信用代码	决定书文号	处罚结果	处罚事由
3	中国中药协会	51100000500000 0699E	民罚字〔2020〕2号	警告并处没收违法所得20.729万元	2019年3月至2019年12月期间,中国中药协会授权中鸿兴（北京）信息科技有限责任公司开展《中国中药企业社会责任报告》（以下简称《报告》）编撰工作。在《报告》编撰、发布过程中,中国中药协会违规开展"2018年度中国中药行业社会责任明星企业"和"2018中国中药行业履行社会责任年度人物"表彰活动,共收取费用84.9万元,支出64.171万元,违法所得20.729万元。中国中药协会的上述行为违反了《社会组织评比达标表彰活动管理暂行规定》（国评组发〔2012〕2号）第三条、第四条、第五条的规定。
4	中国商业经济学会	51100000500001 1632R	民罚字〔2019〕4号	对中国商业经济学会做出停止活动三个月,并处没收违法所得600万元的行政处罚	2018年8月,中国商业经济学会未经理事会批准,设立分支机构精准扶贫工作委员会。精准扶贫工作委员会成立后,违规再下设甘肃、湖北、山西等29个地方代表处,违反学会章程规定发展会员6万人,并超出学会40元/人的会费标准,按照100元/人的标准违规收取会费600万元,汇入北京惠民高科信息技术研究院账户,依法纳入学会账户。
5	中国萧军研究会	51100000500017 7474U	民罚字〔2019〕2号	对中国萧军研究会作出警告并处没收违法所得50000元的行政处罚	中国萧军研究会存在以下违法行为:1.设立"中国萧军研究会国家大数据专业委员会",超出章程规定的宗旨和业务范围;2.向分支机构"中国萧军研究会国家大数据专业委员会"收取管理费用50000元,违反了《关于规范社会团体收费行为有关问题的通知》（民发〔2007〕167号）第八条"社会团体不得向其所属分支机构、代表机构、办事机构收取或变相收取管理费用"的规定。

（数据来源：中国社会组织政务服务平台行政处罚公告,https://chinanpo.mca.gov.cn/xzcfgg）

（二）内部治理危机

2021年9月,民政部印发《"十四五"社会组织发展规划》（民发〔2021〕78号）,指出"要加强社会组织自身建设","加强内部治理。完善社会组织章程示范文本,进一步规范社会组织议事规则、选举程序、监督机制。推动社会组织建立健全财务、人事、资产、档案印章证书、活动、分支机构和代表机构管理等制度,规范开展民主选举、民主决策和民主管理,健全内部监督机制。推动社会组织依法依章程建立健全内部纠纷解决机制。推行社会组织人民调解员制度,引导当事人通过司法途径依法解决纠纷"。

社会组织内部治理是其有序、有效参与社会治理的基本前提,然而,中国社会组织正处于快速转型中,在使命、组织架构甚至治理结构上都存在高度差异。社会组织内部治理危机主要出现在组织治理结构、绩效考核、内部治理措施等方面,表现出内部治理结构理论依据单一、内部治理结构行政化、内部结构分权制衡弱化的特征[①]。

基于社会组织特性,学界一般将社会组织内部治理等同于理事会参与组织事务的活动,以此将其与管理者的行政或管理角色区分开来(Houle,1997)[②]。在我国,根据民政部门制定的社会团体、基金会和社会服务机构章程示范文本,基金会和社会服务机构的决策机构是理事会,执行机构是秘书长或院长、校长、所长、主任等;而社会团体的决策机构(也是最高权力机构)是会员大会或会员代表大会,执行机构是理事会(理事会在社会团体闭会期间领导本团体开展日常工作),社会团体的核心是服务会员,成立社会团体的会员基础条件是必须有 50 个以上的个人会员或者 30 个以上的单位会员(个人会员、单位会员混合组成的,会员总数不得少于 50 个)[③]。实践中,很多社会团体的会员成百上千,甚至数以万计,于是对其内部治理提出了严峻挑战。例如:2019 年 4 月 12 日,北京西餐业

---

① 戚枝淬.社会组织内部治理结构法律问题研究[J].理论月刊,2016(08):5-10.

② 转引自:叶士华,何雪松.理事会能够提升社会组织绩效?——基于全国 691 家社会服务类组织的实证研究[J].公共行政评论,2021(01):132-150.

③ 姚艳姣.北京某行业协会秘书长撤换事件暴露社会团体内部治理危机[J].中国社会组织,2019(10):20-21.

协会法定代表人（会长）魏某通知协会副会长、常务理事于 4 月 18 日召开常务理事会，《通知》透露：自通知发出之日起，该协会秘书长"许某没有代表西餐业协会的资格，由于许某的任何言行导致的后果均由其个人承担责任。"4 月 18 日常务理事会上，魏某展示了《北京市民政局当场行政处罚决定书》，该决定书显示：当事人（北京西餐业协会）于 2012 年 4 月将住所由北京市朝阳区北苑路×××处变更为北京市海淀区玲珑天地××处并对外使用，但至今未到登记管理部门办理变更登记手续。同时，北京西餐业协会秘书长许某不交还协会证章给法定代表人魏某接受市民政局调查；未经理事会同意，以协会名义签订重大合同，支出重大经费；另外，许某还违规接受关联单位干股，年检材料弄虚作假，因此，根据北京西餐业协会存在未按照规定召开会员大会、理事会、常务理事会，以及印章管理混乱等问题的情况，北京市民政局做出行政处罚决定，要求北京西餐业协会在 2019 年 4 月 30 日前完成整改，并将整改情况向社会进行公开，责令北京西餐业协会撤换秘书长[①]。

（三）网络舆论危机

根据中国互联网络信息中心（CNNIC）发布的第四十九次《中国互联网络发展状况统计报告》显示，截至 2021 年 12 月，我国网民规模达 10.32 亿，互联网普及率达 73.0％，网民人均每周上网时长达到 28.5 个小时，较 2020 年 12 月提升 2.3 个小时[②]。互联网已经成为主流媒体，深度融入公众日常生活，已成为社会舆论重要信源地与舆论危机传播的放大器，对社会组织管理形成巨大挑战。

（四）生存发展危机

中国社会组织繁荣发展的同时，大量规模较小、成立时间较短的社会

[①] 本案例内容整理自：陈琳.北京西餐业协会被限期整改 秘书长被撤换［N］.新京报，2019-04-18.
[②] 数据来源：中国互联网络发展状况统计报告.中国互联网络信息中心网站.

组织面临生存困境,这些社会组织主要开展线下服务,缺少外部资金注入……或因疫情的影响,服务或项目难以为继,收入锐减,在缺乏储备金、资金来源单一的情况下,缺乏外界"输血",遭遇生存发展困境。2020 年 5 月,中国发展研究基金会等机构实施社会组织网络问卷调查数据显示,42.6％的社会组织收入有所减少,多达 38.9％的社会组织受疫情影响无法开展筹资。2020 年 7 月,中国农业大学、公益慈善周刊等机构对北京服务型社会组织生存状况的调研结果也发现,超过 90％的社会组织受到疫情打击,近 14％的社会组织面临倒闭风险。

以西安小红帽社会公益事业发展中心(简称小红帽)为例,该组织有 200 余名登记在册的志愿者,3 位全职员工。"每月包括房租、水电、社保在内的固定花销为 2 万元,没有固定资产,疫情以来每月进账约等于零。"之前,小红帽主要为西安当地大型活动开展提供志愿服务与志愿者培训,收入来源主要为企业和社会机构的捐款。疫情中,小红帽志愿者积极参与了当地社区防疫活动,一些机构也向这些志愿者提供手套、防护服等防疫物资。但之后小红帽曾经开展的线下志愿者培训服务无法开展,企业捐款暂停。由于小红帽多年来从事的多是企业资助的培训项目,并不擅长进行公众筹款,"也不知道怎样才能引起公众的注意",于是,在面临生存困境之时,秘书长放弃向公众求援。随着项目停滞,小红帽数月以来都需要贴钱运营,秘书长决定注销这个存在近 4 年的志愿者组织①。

同样,很多志愿者组织或社工组织也存在生存发展的困境,特别是一些小型社会服务机构平时能调用的资金、社会资源、影响力很有限,其资金来源单一,依赖于政府购买服务,政府项目一旦缩减,随之会面临资金收紧、人员流失、项目锐减的局面。

---

① 汪徐秋林.14％社会组织生存堪忧,面临倒闭[N].南方周末,2020-08-14.

第三节 社会组织危机管理及其原则

一、社会组织危机管理的概念

经济社会发展水平的提升和人民生活水平的改善,使得作为公共服务承载实体的社会组织越来越受关注,特别是在新媒体成为公共舆论主导者的时代背景下,社会组织行为不再是神秘的"黑匣子",其所作所为可以被轻易曝光和放大,迫使社会组织不得不重视自身危机处理能力的建设,危机管理能力已经成为现阶段社会组织绩效评估的一个重要指标。

社会组织危机管理是社会组织结合自身特点,针对可能发生的危机和已发生的危机采取的管理行为,或是社会组织为更好地实现其经营发展目标而对危机采取的一系列预防和处理措施。因此,危机管理的重点也应是针对可能发生的危机;同时,制定危机管理战略,宣传社会组织文化,加强危机意识等都属于社会组织的危机管理行为;针对已经发生的危机,社会组织成立危机管理小组,迅速配置资源解决危机也是社会组织的危机管理行为。

社会组织的危机管理应重在预防,创建学习型组织是预防企业危机发生的最有效的措施。如果把危机管理看作是确保社会组织健康、协调发展的调节环路的话,那么,创建学习型组织就是推动组织发展的增强环路。管理大师彼得·圣吉说:"学习型组织是一个促使人们不断地发现自己是如何造成目前的处境,以及如何能够加以改变的地方。"为了预防社会组织危机,必须找出危机的最根本原因,即检查组织中是否存在着如同《第五项修炼》一书中所说的局限思考、归罪于外、缺乏整体思考的主动积极、专注于个别事件、对缓缓而来的致命威胁视而不察、经验学习的错觉、管理团体的迷思等。为了克服这些问题,必须要运用自我超越、改善心智模式、建立共同愿景、搞好团体学习和系统思考等五项管理新技术,通过创建学习型组织进而防止危机发生,并促使组织进一步向长寿公司迈进,为此,创建学习型组织是预防企业危机发生的最有效的方法[①]。

二、社会组织危机管理的影响因素

如果社会组织管理者仍然以传统的危机管理理念和处理事务的方式来处理各种日常的或者突发的危机事件,往往会引发更大范围的关注和质疑,进一步损害组织的公信力,甚至引发社会组织生存和发展的危机。

研究发现,在社会组织危机管理过程中,特别是当危机事件成为公共舆论关注焦点之后,一些重要因素影响着社会组织的危机应对能力及危机管理成效:

其一,信息有效披露是社会组织危机管理的关键。社会组织应该把信息透明作为组织运作的生命源泉,通过及时披露信息,回应公众质疑和批判的同时对公众的参与行为加以引导,让公众对自己进行监督。

其二,回应性和沟通能力对社会组织的危机处理有显著影响。只有学会站在公众角度去思考和解决问题,社会组织才能塑造公开、透明、务实的组织形象,提升危机管理水平,解决组织公信力困顿;社会组织应该建立与社会公众的交流沟通渠道,针对公众的疑虑及时进行科学、客观的解释,预测和评估公众对某些社会组织的战略及行为的态度,通过修正和调整组织战略、行为来确保组织的行为和程序与公共利益的一致性[②]。

其三,社会组织涉及危机事件的程度对其危机管理具有显著影响。一旦组织本身或组织成员涉及危机事件,都不可避免地要进行各种危机应对,如果作为事件的直接主体成为舆论焦点,那么组织的信息透明度、回应速度和沟通能力将会受到较大的考验,因此,在无法保证自身是否会

①　乔河旺.破解危机——学习型组织与危机管理的艺术与实务[M].济南:济南出版社,2003:16.
②　胡伟.新媒体时代社会组织危机管理模型构建与实证研究[J].安庆师范大学学报(社会科学版),2018,37(01):73-78.

"被涉及"的情况下,社会组织需转变管理理念和工作思路,学会如何降低让组织及成员成为危机事件主体的概率。

三、社会组织危机管理的实施原则

社会组织危机管理应当遵循哪些原则呢?

(一)真实原则

真实是社会组织危机管理的核心原则。当发生危机时,社会组织必须向公众如实反映事件发生的原因,已经和可能造成的后果,正在采取的措施或将要采取哪些补救措施,绝不能隐瞒事实真相,更不能推卸责任。即使有些情况暂时还搞不清楚,也要如实相告,必要时可召开新闻发布会,通过正式渠道传播真实信息,避免猜测和小道消息给公众造成的不良影响。

(二)及时原则

为了把危机事件造成的损失降到最低,在最短的时间内重塑或挽回组织原有的良好形象和声誉,必须坚持及时原则,强调危机处理时组织应该尽快不断地发布信息。在危机回应过程中,公众对回应主体的第一印象至关重要,这种"先入为主"的效果,在某种程度上决定着危机舆论的走势。如果一开始的舆情响应是迅速的、积极的,会给公众留下良好的印象,公众会愿意接受回应的内容,也能较为容易地给予理解和支持。在危机出现后的 24 小时内是危机应对的最佳时机,也被称为危机处理的"黄金 24 小时",原因是媒体的猜测会在这段时间里大量涌现,如果组织以拖沓、遮掩的方式面对公众,会给公众带来不真诚的心理感受,那么危机给组织造成的损失将呈几何级数量增大。

(三)冷静原则

情绪是会传染的,社会组织在危机处理过程中的情绪会影响公众情绪,危机发生后,社会组织管理者要努力做到冷静、耐心和克制,不要因头绪繁多、关系复杂而变得急躁、烦闷、信口开河等,为此,事先要进行培训,只有冷静才能在危机处理中应对自如,控制局面。

(四)公正原则

在处理危机事件时,既要考虑内部公众的利益,又要考虑外部公众的利益。

既要注意对公众现在的影响,又要考虑到对公众未来或潜在的影响。要公平而正确地对待受害公众;要排除主观、情感等因素,绝不能站在公众的对立面,要始终把公众利益放在第一位,公正地对待危机中所涉及的人与事,否则不但不利于危机的解决,反而有可能引发新的危机。

(五)维护声誉原则

声誉是社会组织赢得组织美誉和维持现有地位,吸收志愿者,获取社会援助和政府、企业财政支持以及实现组织最终目标的必要前提。声誉度高的社会组织更拥有施加影响的权力——可以更好地吸引和动员公众、企业等社会资源来支持组织的壮大和发展,从而达成组织宗旨和最终目标。因此,组织声誉是社会组织危机管理的出发点和终点,是生存的基本,所以管理者应该集中精力管理声誉,并将其重要性提升至战略意义的高度。

无论是一般还是重大的组织危机,都能对组织造成极大的形象损失,损害组织在社会公众中的声誉,甚至导致公信力的倒塌。妥善地处理组织危机则会对社会组织的社会形象具有维护、恢复的作用。《"十四五"社会组织发展规划》指出,要加强品牌研究,引导社会组织依据章程、业务范围和自身专长优势,开展专业化、差异化、个性化特色服务,形成更多有竞争力的服务品牌。如果公众对社会组织品牌的态度足够坚定,那么,社会组织爆发的危机在这部分公众看来是"可以理解的","人非圣贤,孰能无过",只要危机的性质不是特别恶劣,或组织在应对的过程中勇于承担责任,以诚恳友好的态度面向公众,实事求是地承担相应责任,可以获得公众的积极响应,这样组织不仅可以顺利度过危机,还能够通过危机应对的方式、态度等提升组织的社会形象和品牌效力,进而增加公众的信任度,实现组织声誉的最大化。

四、社会组织危机管理的意义

任何组织只有在基本稳定的环境下才能获得发展,对突发性事件的危机管理也几乎成了每一个社会组织必须具备的能力。

从组织使命的角度看,危机管理能使社会组织提升社会参与能力,激发公众对社会公共事务的兴趣,增强对公共利益的社会责任感,从而为自身的利益表达积聚能量。社会组织是现代社会治理不可或缺的重要主体,其主体是公民,特征是公民自治、志愿参与和民主治理,危机管理能通过有效的沟通使组织与利益相关者恢复共识、重建信任、再造良性互动关系,推动不同群体利益的平衡,成为重要的利益整合和利益协商平台。

从组织行为的角度看,危机管理能形成一套集事前预控、事中管理和事后恢复于一体的、行之有效的应对机制和行为策略,以降低危机损害,挽回社会组织声誉。危机爆发后,就需要社会组织调动力量,综合运用各种手段和措施,以最快的速度、最大的努力挽回形象和损失,尽快渡过难关。高效的危机管理"不仅能够缓和或消除危机,而且有时候能够带来比危机发生前更好的声誉"①。能否降低危机的危害程度,能否将危机转化为机会,最终要看社会组织危机管理的有效程度,这也直接反映了其危机管理的水平。

从组织发展的角度看,危机管理能帮助社会组织在最短时间内整合、配置组织内外的各种资源,使组织转危为安,化危为机。危机管理能提高组织"韧性"。作为"在危机中重构组织资源、流程和关系,从危机中快速

---

① [美]班克斯.危机传播——基于经典案例的观点[M].4版.陈虹,等,译.上海:复旦大学出版社,2013:3.

复原,并利用危机实现逆势增长"的能力,组织韧性"不但能够帮助企业走出困境,而且能够推动企业快速从危机中复原并获得持续增长"。例如,在穿越危机、实现逆势增长时,高韧性企业都有显著的驱动因素:"精一战略"塑造了战略韧性;"稳健资本"塑造了资本韧性;"互惠关系"塑造了关系韧性;"坚韧领导"塑造了领导力韧性;"至善文化"塑造了文化韧性,从而使企业能够穿越多次生存危机,从危机中快速复原,走出困境,还能利用每一次危机带来的成长机会,实现在逆境中持续增长。[①]

---

① 曹仰锋.组织韧性:如何穿越危机持续增长[M].北京:中信出版社,2020:1.

第二章

社会组织危机利益相关者

和利益相关者发生联系的另一端是组织,根据组织的不同属性,利益相关者的类型也有所不同。社会组织的利益相关者是与社会组织发生利益关系的个人或群体,主要有内部成员、上级主管部门、资源提供者、受益人、同级组织、社区公众、媒体等。社会组织要在了解利益相关群体显性利益和隐性利益要求前提下,综合平衡各利益相关者的利益要求:一是帮助内部成员、捐赠者、服务对象以及临近社区成员等克服惊慌和恐惧情绪;二是保持社区成员、分析人员、媒体等相关群体对该组织的信赖。

第一节　利益相关者概述

一、利益相关者的概念

1963 年,利益相关者概念由美国斯坦福研究院(Stanford Research Institute,SRI)正式提出,用于表示所有与企业有紧密关系的人,即对企业的生存有重要支撑作用的一些利益群体,除非经理人理解这些利益相关者群体的需要并关心他们,否则他们将无法达成企业持续生存的目标,这一概念帮助人们认识到,企业不仅为股东服务,更要关注众多存在于企业周围的影响企业生存的利益群体。1965 年，Ansoff 将利益相关者概念引入管理学界和经济学界，他提出"要制定出一个理想的企业目标，必须综合考虑管理者、员工、股东、供应商以及分销商、顾客等众多利益相关者之间相互冲突的索取权"。这一概念明确了企业"利益相关者"的具体范畴。1984 年，R. Edward Freeman 在其著作《战略管理：一个利益相关者分析方法》中指出，利益相关者指那些能够影响一个组织目标的实现或者能够被组织实现目标过程影响的个人或团体，关于如何分析利益相关者，可以从三个层面考虑，即理性层面、过程层面和交易层面：理性层面确定和哪些利益相关者有什么样的关系；过程层面解决组织如何管理其同利益相关者的关系；交易层面解决组织与其利益相关者之间的交易或讨价还价①。

此后，国内、外诸多研究者都对利益相关者的概念有过类似的界定，如：

史蒂文·F.沃克等人在《利益相关者权力》一书中将利益相关者定义为"与一个组织相关联的个人或群体"。对企业而言，利益相关者持有股票，有表决权，或能够从企业日常运作中获取既定利益，同时，企业在运营中需要利用这些利益相关者的资源或影响力，这种关系通常是互利互惠的。

在《危机传播管理》一书中，国内学者胡百精强调，利益相关者同时作为个体概念和集合概念而存在，既可指称某一具体的个人或单一组织，亦可描述不同个体、人群或组织的整体，是指与组织按照有形或无形的契约关系结成特定利益互动机制的人或人的集合体。这一定义中的有形契约关系包括投资关系、纳税关系、消费关系、合作关系、管理与被管理关系等明确可见的利益关系；无形契约关系包括信用关系、道德关系、品牌关系等实际存在却难以量化的无形利益关系。这些关系共同建构了组织与利

---

① 赵辉.企业利益相关者问题研究[M].武汉：崇文书局，2009：11-12.

益相关者的互动机制,使组织与利益相关者成为相互影响、相互依存的契约共同体[1]。

二、利益相关者的特征

显然,从利益相关者的字面意义出发,它不仅"影响"组织运营甚至"参与"组织的利益分配。面对这样一群可以影响组织运营、左右组织生存环境的利益相关者,寻找其共性,把握其特点就显得尤其重要,利益相关者的特点主要体现为利益相关性、权益合理性、关系互动性、影响不确定性四个方面。

(一)利益相关性

利益相关性是利益相关者的本质属性。利益相关者或多或少、或明或暗地与组织之间有着利益联系,因此,在组织运营过程中要正确理解利益相关者的概念,认识利益相关者的重要意义。

(二)权益合理性

承认利益相关者的权益合理性是承认组织利益相关者存在的前提。虽然组织的利益相关者分散在不同领域,有着不同规模与结构,并且不同类别利益相关者需求各异、立场不同,但组织都有维护和保障其相关合法权益的义务。否认利益相关者权益的合理性,对组织利益相关者的分析与探讨也就失去了意义。

(三)关系互动性

组织与利益相关者之间的"关系"主要是通过两者的互动而实现的。利益相关者与组织之间互相影响,利益相关者影响组织活动与组织生存,同时,组织的经营活动也影响着利益相关者。组织与利益相关者的良性互动不仅有助于组织成功化解危机,更有助于组织可持续发展。

---

[1] 胡百精.危机传播管理[M].北京:中国传媒大学出版社,2005:30-33.

（四）影响不确定性

利益相关者影响不确定性可从两个方面来理解：一是利益相关者对组织的影响可能是正面的，也可能是负面的，如对企业而言，顾客给企业带来利润，但也可能随时引发一场危机；二是利益相关者对组织的影响尤其是危机状态下影响的范围、影响的程度都呈现出不确定的特点。从这个角度来看，利益相关者对组织的影响与组织对危机的处理和控制的水平有着紧密的联系。利益相关者与组织间的关系，在常态下有较为稳定的一面，然而一旦两者的关系出现异化，利益相关者对组织的影响便呈现出不稳定的特点。

三、社会组织利益相关者

和利益相关者发生联系的另一端是组织。根据组织的不同属性，利益相关者的类型也有所不同，因此，可将利益相关者划分为两大类：商业组织的利益相关者与社会公共组织的利益相关者。

商业组织的利益相关者即与商业性组织发生利益关系的个人或群体，通常是指各种类型的企业，主要包括：①内部成员；②顾客、客户、消费者；③投资者；④供应商、零售商、渠道商等合作伙伴；⑤广告公司、公关公司、会计师事务所等咨询服务机构；⑥债权人、债务人；⑦政府机构；⑧竞争对手；⑨相关社会团体与民间组织；⑩媒体；⑪社区公众。

社会公共组织的利益相关者是与社会公共组织发生利益关系的个人或群体，通常指政府及相关部门。社会公共组织的利益相关者主要包括：①内部成员；②上级主管部门或同级施压群体；③隶属部门或群体；④纳税人及其他社会公众；⑤立法、司法等权力制约机构；⑥社会团体与民间组织；⑦媒体；⑧社区公众。具体到社会组织，其利益相关者主要有：

（一）内部成员

内部成员指社会组织的理事会成员、协会成员、志愿者等。以志愿者为例,志愿者通常要求社会组织提供基本保障、契合的岗位、培训、困难时指导、尊重和认可,而社会组织需要实施志愿者管理,涉及志愿者招募、培训、岗位安排、督导服务、权益保障与选择性激励等,根据志愿者身份特征和需求结构采取最好的管理方式,以最大限度地发挥志愿服务效能。而协会则监督会员组织遵守制度,促进行业自律自治,代表会员与政府机构沟通,为会员提供培训、行业动态信息、咨询服务等。

(二)上级主管部门

上级主管部门(或隶属部门)包括政府、民政管理部门、行业主管机构等。以政府为例,政府与社会组织之间存在合作、支持和监督关系。首先,政府与社会组织存在协同增效、服务替代和拾遗补阙的合作关系:政府定位是公共服务资金的提供者和监管者;社会组织是公共服务的提供者。在目标一致的前提下,政府和社会组织通过合作,优势互补,加强各自实力,提升各自服务效能。其次,政府对社会组织进行支持与监督,支持主要包括提供公益园区、政府购买服务、补贴、税收优惠、办公场地和后勤服务,在此基础上,政府对社会组织资金使用和权力行使进行监管,这既是政府的职责所在,也是确保良好伙伴关系及治理绩效的重要条件。"社会组织的一个重要特性在于其公共责任。由于享受了税收优惠,或接受了公益捐赠,社会组织具有了更大程度的公共性,所以政府对社会组织的管制要比私人企业多得多。"[①]政府对社会组织实施监管,可要求社会组织提交总结报告、活动和财务记录,安排现场查看,调查服务对象的满意度,设置发表意见、投诉的渠道,引入第三方评估机构等。

(三)资源提供者

资源提供者指为社会组织提供运行所需的人力、财力、物力等资源的个人或群体,如慈善组织捐赠者、基金的投资者。谁捐赠了资金和物资,

---

① 田凯.中国非营利组织理事会制度的发展与运作[J].经济社会体制比较,2009(02):139-144.

公益性社会组织就应当向它交代资金和物资的使用情况及其产生的效果。具体而言,基金会、企业和其他社会组织等捐赠者会要求公益性社会组织提交项目执行报告和财务报告,在出现不良情况时才会进行实地监督;而作为公民个人的捐赠者则通过公益性社会组织主动披露的信息掌握捐赠款物的去向和使用效果。同样,倘若在危机事件中,基金危机管理人忽视投资者利益,无疑将会使基金业务受到影响,进而影响投资者对基金产品的购买。

(四)受益人

受益人一般指公共服务的"对象"或"接受者",与"服务对象""服务接受者""服务使用者"和"受助方"等术语表达的意思基本相同,可以表示直接接受公共服务的主体,或因这个主体接受公共服务而受惠的人。受益人最有资格评价公益性社会组织提供的公共服务的质量和绩效。受益人的服务体验是衡量公共服务是否到位的最有力的证据。社会组织是否实现了其服务承诺以及服务是否有成效,只有受益人才能做出最恰当的判断。[①]

(五)同级组织

同级组织包括社会组织的支持型合作机构、合作企业等。例如,出于社会组织资源的有限性及交易成本考虑,对于社会组织非核心的业务功能有可能实施外包,社会组织要与不同类型的支持型机构互动交涉,并结成伙伴关系,以获得组织运作所需的多样化资源和支持。同样,对社会组织而言,与企业建立合作伙伴关系,可在互动合作中获得机构运作、发展及开展项目活动所需的资金和其他资源,企业为社会组织提供支持主要有以下方式:捐赠、股份捐赠、赞助、参股、志愿者输出、授权、冠名、联名、公益营销、购买服务、公益创投、成立基金、慈善信托、企业联盟和跨界联盟。当企业借助社会组织的声誉、活动和资源实施公益营销时,社会组织

---

①　傅金鹏.我国公益性社会组织提供公共服务的问责逻辑[D].上海:复旦大学,2012.

须分析此公益营销是否会消耗组织声誉,进而决策是否以及在多大程度上同意该企业的营销方案。

(六)社区公众

社区是社会组织生存与发展的土壤,社区为社会组织投入资源,社会组织回应社区,为社区生产公共品。当社会组织进入社区开展项目活动时,必然会与社区主体互动交涉,除了在社区提供服务支持,社会组织还参与社区治理行动,在社区政治生活中发挥作用。社会组织要想获得社区的资源投入,需要为社区带来积极变化,并以可靠、可信的证据展示本组织所具有的价值。

(七)媒体

首先,媒介将社会组织及其利益相关者乃至更大的社会系统联结在一起,使社会公共性成为危机与生俱来的属性。显然,媒体已然全面渗透到社会生活的每一个角落,一旦发现异常信息就会予以揭露。其次,媒体对社会现实的监测和解释机制,使之能迅速捕捉社会组织发展中的异常状况和问题,探求其根源和危害,而后通过议程设置将这些问题置于公众的议题之中,使危机信息迅速扩散。

第二节　社会组织危机利益相关者分类

对社会组织而言,有时很难注意到某一类利益相关者的存在,但在危机时刻,其态度与反应却常与组织的命运息息相关。利益相关者的特征表明,日常维护与利益相关者的关系,营造良好的内、外部环境能极大地增强组织抵御危机的能力,减少危机中利益相关者带来的负面影响。了解社会组织危机利益相关者不同的分类方式,有助于社会组织在实践中更全面地把握危机管理的效果。

一、危机利益相关者分类

在与组织建构的契约系统中,从利益相关者对组织的关联程度与重要性来看,一些学者将利益相关者划分为三个层次:核心的利益相关者、主要的利益相关者和一般的利益相关者。核心的利益相关者是对组织的生存与发展起决定性作用的利益相关者;主要的利益相关者仅次于核心利益相关者,他们与组织的生存发展休戚相关;一般的利益相关者与组织的关联性较弱,通常包括潜在的利益相关者、可自由对待的利益相关者等。然而,在危机情境下,不同利益相关群体受到的影响不同,将会采取不同的行动,其角色定位差异很大。不同的角色受到危机的影响与表现不同,其对危机的分析判断往往基于自身立场,并做出适合自身角色的行为。基于对危机情境的关注程度以及与危机主体之间利益关系的不同,戴万稳(2019)将危机利益相关者群体分为四类,如图 2-1 所示[①]。

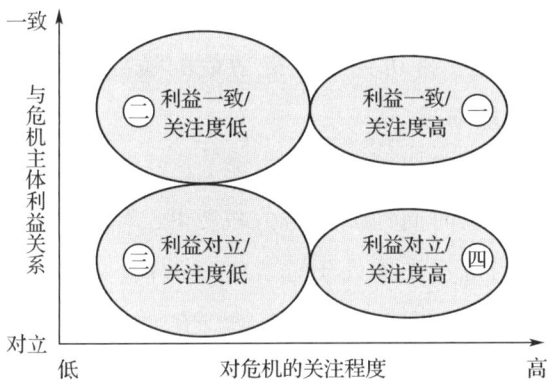

图 2-1 危机利益相关者分类图

(图片来源:戴万稳.危机管理之道[M].南京:南京大学出版社,2019.)

[①] 戴万稳.危机管理之道[M].南京:南京大学出版社,2019:111-113.

图 2-1 中：

第一类利益相关者群体，即对危机情境的关注程度较高且与危机主体利益关系一致的利益相关者。第一类利益相关者是与危机主体同处一个战壕的伙伴，一荣俱荣，一损俱损，属于在危机演变和发展过程中同呼吸共命运的核心利益相关者。人数一般较少，与危机主体的危机管理目标高度一致，彼此之间极易沟通。

第二类利益相关者群体，即对危机情境的关注程度较低但与危机主体利益关系倾向于一致的利益相关者。第二类利益相关者是人数众多的边缘利益相关者。因为与危机主体的利益关系倾向于一致，能够理解和接受危机主体的危机管理目标和行动，沟通起来相对比较容易。

第三类利益相关者群体，即对危机情境的关注程度较低且与危机主体利益关系倾向于对立的利益相关者。与第二类利益相关者一样，这类利益相关者也是人数较多的边缘利益相关者。

第四类利益相关者群体，即对危机事件的关注程度较高但与危机主体利益关系对立的利益相关者。因为与危机主体利益关系对立，这些边缘利益相关者尽管也会密切关注危机情境的演变和发展，却是危机主体最难以沟通和说服的对象。

对社会组织而言，需要投入所有资源，全力以赴与第一类核心利益相关者进行危机沟通，及时向他们通报危机真相，沟通危机演变和发展过程的相关信息，使其与危机主体处于危机管理的同一个信息层面，代表危机主体与第二类边缘利益相关者进行沟通。在危机处理与沟通过程中，第一类利益相关者群体起着关键性的信息中介和传导作用，影响着绝大多数的第二类和第三类利益相关者群体对危机主体的态度和对危机情境的判断。因此，只有面对核心利益相关者，即第一类利益相关者群体，及时充分地进行危机真相信息发布，才能够取得最大化的危机沟通和应对效果，而非在危机之初就试图费尽心力先去说服第二类和第三类利益相关者群体，或本末倒置先沟通最难以沟通的第四类利益相关者群体。

二、社会组织危机利益相关者

利益相关者是危机处理中的特殊人群，与其充分沟通协调是化解危机的关键环节，也是一种"四两拨千斤"的柔性管理艺术。要弄清谁是利益相关者，其核心利益是什么，从而寻求"一把钥匙开一把锁"的办法，[①]思考当前发生的危机事件会对与本组织相关的各方造成怎样的影响。利益相关者包括：

（1）组织内部成员；

（2）服务对象——那些接受组织服务的人；

（3）监管者——制定并实施环境、健康、安全等相关政策的监管机构，或代表社会组织成员利益的谈判组织；

（4）立法者——与其利益相关的一些委员会的成员、政党领袖，以及当地的政治家；

（5）舆论领袖——包括专栏作家、评论员或其他能对受众产生影响的人（在应对风险问题的时候，他们的态度也非常关键）；

（6）社区成员——包括社区活跃分子、团体领袖等；

（7）合作伙伴等——这些群体在社会组织提供服务方面发挥着关键作用。

社会组织需要探讨以下问题：

· 当前面临的危机将会对哪些人的利益产生影响？

· 这些人对本组织抱有一种怎样的态度？

· 需要说服哪些人，他们会接受建议吗？

· 谁有可能给组织带来真正的伤害？内部人员？行业分析人士？批评家？同级群体？社区公众……

---

① 徐宪平,鞠雪楠.互联网时代的危机管理:演变趋势、模型构建与基本规则[J].管理世界,2019(12):181-189.

最终,社会组织要在了解利益相关群体显性利益和隐性利益要求前提下,综合平衡各个利益相关者的利益要求,一是帮助内部成员、捐赠者、服务对象以及临近社区成员等克服惊慌和恐惧情绪;二是保持社区成员、分析人员、媒体等相关群体对该组织的信赖,使社区、捐赠者以及其他利益相关各方感觉到自己能够对危机事件的结果产生一定影响。

根据图 2-1 危机利益相关者群体的四类标准,社会组织面对的第一、二、三、四类利益相关者群体如下图 2-2 所示。

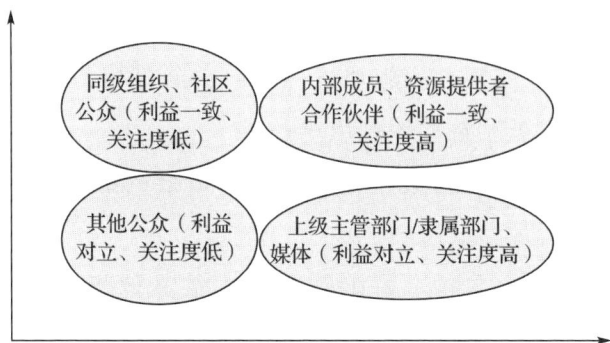

图 2-2　社会组织危机利益相关者

在危机管理过程中,社会组织需要意识到不同利益相关者的关注点和具体需求各不相同,关注利益相关者的想法,在不同利益方之间建立共同的目标,确立一些各方都认可的原则。特别是对于合作性强、关注度高的利益相关者,因其对社会组织的潜在影响较高,社会组织需在危机管理过程中加以防备。

以"媒体"这一利益相关者为例,媒体被视为社会公共利益和主流价值的代言人,因而其在危机中总是以"合法挑战者"的身份出现。在危机事件中,媒体对事件的高度敏感、大规模报道和深层次挖掘是由其本质属性决定的,因为媒体必然要遵循挑战者的逻辑,直到被挑战的对象能够合理解释自己的行为,或积极调整以适应社会的和谐发展。如果社会组织未能就危机事件予以合理的解释，媒体便会借助舆论力量向组织施加压力，迫使其要么迅速加以调整，给出合理解释，要么被危机损害、摧毁。

同样，如果风险问题发生在本地，则社会组织与社区公众建立关系就显得尤为重要。事实上，要想成功地管理某个风险问题，社会组织必须与那些受影响最为严重的社区保持良好的关系。通过与社区领导、当地小型企业主和所有的社区成员建立更加密切的联系，社会组织更容易赢得他们的信任，并在发生危险的时候得到他们的支持。

由此可见，一些利益相关者与社会组织有直接的关系，如内部成员、政府、资源投入者、服务对象、受益者、当地社区、其他合伙人、媒体等，成为社会组织的主要利益相关者；另一些利益相关者则通过社会性活动与企业形成间接联系，如其他公众、同级组织等，成为社会组织的次要利益相关者。本书将社会组织内部成员、资源投入者、政府、当地社区、媒体五个主体界定为社会组织的主要利益相关者，主要聚焦于危机管理过程中这些利益相关者的研究。

三、危机利益相关者的互动机制

利益相关者与危机的互动关系一般要经历四道门槛，即"知晓（Awareness）、知识（Knowledge）、倾慕（Admiration）和行动（Action）"四个阶段，这些阶段是连续性的，每一个阶段都建立在已完成的前一阶段的基础之上。对于社会组织而言，在危机过程中，与利益相关者的互动机制可分为四个相互联系的阶段。

（一）知晓危机

知晓危机即利益相关者知道危机事件的存在，人们也许知晓危机在什么时间、什么地方降临，但并不意味着了解危机事件的全部。这是利益相关者了解社会组织新近发生情况的第一步，也是其采取行动前的基本依据。例如，在新冠肺炎疫情爆发之初，许多公众都是从电视、报纸或者身边的亲人、朋友处得到相关信息的,这些信息可能是不全面的信息,甚至是只言片语,但却引起了他们的注意。

知晓危机事件后,利益相关者最希望了解事实的真相。心理学的"首因效应"表明,人们更容易相信最初得到的信息,对后到的信息则持怀疑态度。一旦其他途径的信息首先传达到公众,社会组织要想重新在公众的信息认知中占据主导地位,则需要花费更大的人力、物力和财力。此时,社会组织要发布权威信息,给媒体和社会公众提供公正、透明和权威的信息来源,及权威信息的发布者,有效避免各种小道消息和谣言四起。

(二)理解危机

如果说知晓危机只是了解到危机某些片段,理解则是对相关信息更加立体的把握。随着新媒体的不断涌现,人们接收到信息的渠道越来越广泛,有意识地查找相关信息也变得十分容易。利益相关者通过对接收到的信息进行初步的归纳与整合,达到"理解"状态,然后进行决策。需要注意的是,此处所说的"理解"是利益相关者自身所认为的理解状态,往往与事实有着一定差距,甚至是相背离的。譬如部分公众借助互联网了解更多危机事件的相关内容,其中很多信息都来自充斥着个人观点的自媒体,结果这样一群利益相关者所认为的"理解"可能与事实已经相去甚远了。

(三)危机态度

态度是人们对事情的看法。利益相关者在获得了危机信息之后自然会形成自己的判断,或持负面态度,或持正面态度,又或者持围观态度,并据此行动。如果危机事件引起利益相关者较大关注,并且态度倾向是负面的,则可能会降低利益相关者与社会组织互动和交往的意愿,反之,则不会对其互动意愿产生影响。

(四)危机行动

行动是利益相关者作用于组织的最直接的方式,具体而言,基于态度的不同,行动既有可能给组织带来正面影响,也有可能起到负面作用。对社会组织而言,从知晓、理解到形成态度、付诸行动,利益相关者完成了对组织的作用过程。在这个过程中,社会组织可以根据自己的需要,在不同的阶段与利益相关者进行各种沟通,并依据不同利益相关者的不同举动采取不同的危机管理策略。

第三章

内部治理：基于内部利益相关者的社会组织危机管理

社会组织内部治理是社会组织的自主治理，是以组织的内部人为基础的治理，是基于内部利益相关者的治理，目的是通过组织的机构设置和权力安排解决组织内部的利益协调与整合问题。社会组织内部的一系列管理制度和措施包括监督在内的制度安排均属于组织内部治理的内容，如组织的融资机制、人力资源管理机制、信息公开机制、激励约束机制等制度和结构的设计均属于组织内部治理范畴。

社会组织内部治理失范是其公信力危机发生的前置因素，改进社会组织内部治理，是化解危机的主要着力点。互联网时代，社会组织内部治理失范极易成为网络媒介报道的热点，有可能影响甚至混淆公众对组织的认知，故应注重社会组织内部治理的规范化，不仅要确保内部治理结构有效运转，即用良好的内部制度保证决策、执行、监督的民主参与机制，同时要通过社会组织的章程和科学合理的规则制度确保规范的行政管理，避免宗旨偏移、使命异化、慈善欺骗、财务混乱等违法犯规问题的发生，只有这样，才能更好地规避社会组织危机的发生。

第一节　危机预防与社会组织结构治理

一、社会组织的组织结构框架

合理的组织结构是社会组织高效运行的基石。美国社会组织采用公司治理机制,其内部治理结构包括理事会、会员代表大会、秘书处、独立第三方会计审计机构以及组织管理者。实行理事会领导下的机构负责人制,理事会是组织的最高决策机构,会员代表大会是组织的最高权力机构,第三方审计机构作为组织的监督机构,形成了会员大会与第三方审计机构相结合的监督体系,由组织内部的监事机构或者个人承担大多数监督责任[①]。我国社会组织结构的基本框架由权力机构(会员大会)、决策机构(理事会)、执行机构(管理层)、监督机构(监事会)四个部分组成,如图3-1 所示。

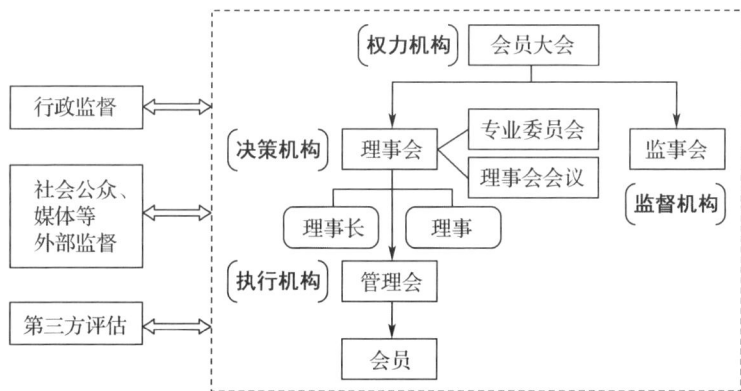

图 3-1　社会组织结构基本框架

---

① 王傅,刘忠.社会组织基本知识[M].广州:广东人民出版社,2017:8.

（一）权力机构

对会员制社会组织而言,会员大会是社会组织的最高权力机关、决议机关及惩戒机关,是监督董事及监察人执行职务的机关。

（二）决策机构

与企业不同,社会组织无所谓"股东"的存在,因此,理事会在社会组织中的地位尤为突出,在管理学上被赋予极其重要的功能,是社会组织的最高决策机构,也是所有社会组织必须设置的法定决策机构。为了保证决策的科学化,理事会通常将履行职能授权给了专业委员会和董事会会议。

理事会职能主要有对内管理和对外联络两个方面。对内管理指治理社会组织内部事宜所需实行的各种活动,主要包括:决策职能,这是理事会的核心职能;决定组织的使命和目标;甄别、选拔、任免、监督和评估执行并予以实质协助;制订组织的战略规划;预选和财务监督;充当内部冲突的最终仲裁者;等等。对外联络是指社会组织对外运作关系时所需实行的相关活动,具体包括:提升组织的公共形象、对外募款,以及与政府主管机构建立良好的关系等。因此,理事会不仅应着重于社会组织的内部治理,还应关注外在环境的影响与互动。

（三）执行机构

管理层是社会组织理事会的执行机关,主要是贯彻落实组织既定方针,处理日常业务。执行机关由高层执行官员即高层管理人员组成,他们是组织的雇员,在其授权范围内拥有对组织事务的管理权和代理权。在整个社会组织的执行机构中,执行长或秘书长为机构的灵魂人物,由理事会任命,向理事会报告工作并负责,也是理事会与社会组织职员间的桥梁,他需以个人之力决定所有员工的工作效率与士气,提高工作环境的质量,负责将组织的形象推销至所服务的社群之中。

（四）监督机构

为了保证理事会按法律规定和组织章程行事,需要建立监督和责任制度，对理事会和执行会进行必要的限制和监督，以帮助它们高效率、高效益和负责任地完成组织的社会公共使命，因此，社会组织一般设立监事会作为其监督机关。但在我国社会组织治理结构中，监事会一般多为非必设机关。基于我国国情，社会组织的外部监督如政府监督较为严密，各项政策法规对社会组织的规定较为细密，社会组织的内部监督机构权限不会太大，它所起的作用非常微弱[①]。

二、利益相关者视角下社会组织结构的关系博弈

（一）内部利益相关者关系

不同类型社会组织内部利益主体之间的具体关系差别较大，一般分为两种情况：一种是行业性（经济性）组织，如行业协会、商会等，各自主体的利益相关性较强，而且直接体现了各会员单位的利益问题；另一种情况是非行业性（经济性）组织，如环保组织、学术学会、爱好者协会等一般性社会，其内部主体的利益相关性较低，更多体现在其社会责任或公众责任上[②]。不管是行业性还是非行业性社会组织，从内部利益相关者角度分析看，其内部治理问题主要体现为三个委托—代理关系的集合，分别为：

一是会员大会与理事会之间的委托—代理关系。作为最高权力机构的会员大会（或会员代表大会）与决策机构（理事会）之间的委托—代理关系，会员大会委托理事会来完成社会组织运营，会员大会为委托者，理事会为代理者。

二是理事会与执行机构（秘书处）之间的委托—代理关系。理事会委托秘书处等内部工作人员从事日常性工作，此情况下，理事会为委托者，秘书处为代理者。

①　张澧生.社会组织治理研究[M].北京：北京理工大学出版社，2015：129.
②　徐晞.我国非营利组织治理问题研究[M].北京：知识产权出版社，2009：63.

三是社会组织与会员(成员)之间的博弈关系,这正是社会组织发挥自律功能作用的体现。

从这三个委托—代理关系可以发现:在社会组织的组织架构上,理事会既充当上一级的代理者角色,又充当下一级的委托者角色,处于关键位置,是整个社会组织的领导核心。

(二)外部利益相关者关系

从外部利益相关者看,社会组织治理问题主要集中在对行政监督、社会公众、捐赠者、社会组织同行、新闻媒体及其他利益相关者的责任和义务,所涉及的内容包括公共信息的披露、法律规则的遵守、理事会的监督与信托责任、募款伦理与廉洁、对关系人的响应、组织使命的正当性、利益冲突的避免和解决,以及公共资源的管理等。

(三)利益相关者关系博弈问题

1.决策机构(理事会)权力削弱

由于社会组织享受了税收减免政策,或接受了公众捐赠,具有更大程度的公共性,而政府往往被视为公众利益的维护者,所以政府对社会组织的行政监督会加强。在一些具有政府背景的社会组织人事安排及内部重大决定方面,理事长、副理事长及秘书长等领导岗位人选由政府业务主管机关任命,通过这种方式组建的理事会独立性不强,决策过程中往往受制于业务主管机关,理事会决策等诸多功能不能得到有效而自由的发挥,理事会功能被弱化。

2.理事会与执行机构权责不明

根据理事会与执行机构(秘书处)之间的委托—代理关系,理事会在任命执行层之后,并不掌握有关组织运行的所有信息,这些信息被执行层掌握。同时,理事会在做决策时,依据的信息全部来源于执行层的提供,如果决策失误,谁为决策失误埋单,又按什么标准来划分责任,这些在法律法规上没有明确的规定。一些社会组织理事会和执行层之间的职责完全混合，理事会代替秘书处行使职能，既负责决策，又负责管理；秘书处代替理事会行使职能，既负责必要的管理，又负责决策，集决策者、政策制订者及行动执行者的角色功能于一身，缺乏监督。

3. 组织结构内部制衡不足

社会组织结构内部制衡不足表现为理事会、执行层、监事会之间缺乏明确的分权和制衡，如：理事会规模小或形同虚设；理事会与执行层存在严重的信息不对称，没有也不能真正行使其职权，组织的决策和执行职能都落到执行层组成的内部人身上；监事会与理事会利益一致，或监事会所需经费受理事会控制，不能有效行使监督职权等等。以志愿精神、慈善观念组建起来的社会组织，无论是社会团体、基金会，还是社会服务机构，其组织的内部治理架构都由组织领袖决定，社会组织的理事会架构除了理事长具有发言权和决定权之外，其他成员不具有发言权、决定权。例如，中访网 2020 年 7 月 14 日报道，因旗下三峡扶贫基金会理事长江某涉嫌行贿罪、挪用公款罪，A 股上市公司人福医药、国药股份受牵连，判决书显示：2013 年上半年，江某通过向时任宜昌市扶贫办主任谭某某承诺"获利"的方式，获得谭某某支持；2013 年 11 月，谭某某在宜昌市扶贫办党组会上提出关于成立宜昌市三峡扶贫基金会事宜；2014 年 4 月，宜昌市三峡扶贫基金会成立，江某担任理事长，该基金会成立后，谭某某利用职务上的便利，帮助江某以宜昌市三峡扶贫基金会的名义通过转卖林地使用权获取利益；2014 年 9 月，江某挪用基金会 24.5 万元，用于个人购买林地，并在林地流转过程中获利；2016 年 7 月至 11 月期间，江某为个人购买房产，先后三次将基金会资金共计 177 万元转到由其实际控制的公司账户中，并用于个人使用①。

由此，也暴露了社会组织中监事会这一自我监管机构存在作用发挥

---

① 资料来源：中访网. 人福医药、国药股份受牵连：旗下扶贫基金会理事长被曝行贿 46 万. 凤凰网，2020 年 7 月 14 日.

不够的问题。虽然法律确立了监事会监督机构的地位,但是实际运作中监事会监督的方式、方法很难真正落地。

此外,在治理结构不合理的社会组织中,组织结构和内部分工不合理,缺少正式的沟通和协调机制,活动安排多靠临时决议,组织的成败依靠的是发起人或核心成员而不是制度设计。处于这种社会组织的基层服务者和工作人员的责任感或缺,认为组织成败与自己无关,使得对社会组织的监督非常薄弱。

三、危机预防视角下社会组织结构治理的要点

毫无疑问,利益相关者关系博弈产生的问题,势必会使社会组织的组织结构不能有效发挥其作用,引发潜在危机。因此,在危机预防视角下,社会组织结构内部治理的要点是完善理事会治理、内部运行机制和监管机制治理。

(一)完善理事会治理功能,从组织根源方面预防内部治理危机

在支持与促进社会组织发展上,理事会位居重要的领导地位,虽然平时的行政运作主要是由执行长、行政主管及职员等在主导,但理事会是位居幕后的推手,它与组织内其他人员的配合度及工作默契度决定了社会组织的发展。因此,要完善理事会治理功能,从根源预防内部治理产生的危机。

一是要科学确定理事会规模。科学确定理事会规模并聘请理事,是能否发挥社会组织理事会功能的重要基础。社会组织理事会规模大小、成员专业知识水平及其管理经验等,都会对理事会治理产生直接影响。根据 2016 年民政部发布的《社会服务机构登记管理条例(〈民办非企业单位登记管理暂行条例〉修订草案征求意见稿)》特别设立了"第四章组织机构",规定:"社会服务机构设立理事会,理事数为 3 至 25 人……理事会设理事长 1 人,可以设副理事长。"理事会的规模应该适度,对理事的数量应该做一定的限制,人数控制在可以充分讨论议事的范围内。

二是要切实落实理事会职责。社会组织理事会的职责是既要重视对

组织内的治理和监管,又要关注对外拓展资源和社会倡导。在明确社会组织具体职责的同时,还要保证理事会切实履行其职责。完善相关法律法规,确保社会组织理事会在遇到涉及目标方向、财务和信息披露等决策的时候,能做到有法可依,同时在决策失误后,有法必究,为错误的决定承担相应的法律责任。

(二)完善理事会运行规则,从决策过程方面预防内部治理危机

理事会是社会组织内部治理的决策机构。理事会议召开的目的是通过理事对问题的磋商、讨论形成一个科学的决策。合理安排社会组织理事会的会议议程和议事规则,是理事会有效性的直接体现。

一是明确理事会在社会组织中的地位。理事会成为社会组织的最高决策机构,对组织的整体发展拥有重大话语权。因此,社会组织的发展方向在很大程度上取决于理事会的决策及其功能是否健全。确立理事会为社会组织的自主决策机构,让理事会承担一定的社会责任,对组织重大事项做出正确决策,确立组织发展方向和目标。

二是确立理事会会议的决策规则。理事会会议是民主决策机制,需要每个理事参与,方能保证会议的有效性,做出科学的决策。除了法律法规对理事会运行规则的原则性规定之外,还要根据组织社会的特征,通过章程进一步对理事会的会议时间、会议程序等相关事项做具体的说明,只有依据章程建立组织的治理结构和治理机制,才可能规范社会组织的各项工作,从而减少引发危机的潜在因素。

三是建立决策失误的责任追究制度。这一制度的核心在于规范理事会(比如对于理事会会议通过的决议,应当形成会议纪要,并由出席的理事审阅、签名;理事会决议违法或违反章程的,参与决议的理事承担相应责任等等),从而推动规范民主决策机制,从决策过程方面预防社会组织危机的出现。

需要注意的是,在完善和规范理事会运行规则的同时,也要注意决策权和经营权的合理界限。完成决策后,理事会应退居幕后,如果理事长、

副理事长等理事随意干涉社会组织的日常事务管理,执行团队不能统一由秘书长进行指挥,不能形成执行团队中的分工与协作,则决策责任和执行责任将被严重混淆,团队执行力将严重受损,反过来也会因信息的扭曲而极大地降低理事会的决策质量,这样的组织治理结构必然是混乱的。

(三)完善组织监管制度,从内外监督方面预防内部治理危机

社会组织有效的监督机制需要通过内外监督,双管齐下预防危机的产生。

一是明确监事会决策规则,如实行一人一票表决制,对社会组织财产捐赠等重大事项应采取多数表决,应有三分之二以上的监事表决"同意"才能通过,其他事项过半数监事表决。

二是委托第三方监督机构进行监督。英美法系国家的社会组织不设监事会,而是凭借其外部的制度和因素来监督。社会组织可委托专门的第三方监督机构进行监督。第三方监督机构作为独立的第三方对社会组织进行监管,与被监管对象之间不存在任何联系和利益关联时,监管过程才能不受任何干预,实现公平公正,因此,要从制度设计层面保障第三方监管机构的独立性,尽量减少监管主体与社会组织的利益关联,防止在实际操作过程中出现寻租现象[①]。

第二节　危机控制与社会组织领导力建构

一、社会组织的领导力构成

领导力这一要素已然成为各类社会组织所珍视的核心资源,领导力是领导者在特定的情境中吸引并影响被领导者和利益相关者,持续地实

---

① 林蕾.广东省社科类社会组织监管策略及路径优化研究[D].广州:广东外语外贸大学,2021:36.

现群体或组织目标的能力[①]。针对包含志愿服务组织在内的各类社会组织,廖可昕(2020)指出,其的领导力应包括个体领导力和组织领导力两个部分:个体领导力即社会组织领袖的领导能力,强调领袖个人特质(个人魅力),具体表现在社会组织领袖为组织明确使命和引领整个团队达成预期目标等方面;组织领导力即整个社会组织的领导能力,由战略规划、决策执行、人员管理以及组织文化建设构成[②]。

领导力既是一种能力,又是一个作用过程。本书认为,社会组织的领导力包括个体领导力和组织领导力两个组成部分。

从个体领导力角度,社会组织的领袖者要能成为带领组织从危机中快速复原的坚韧领导,既要拥有良好的判断能力,又要拥有激活组织智慧的感召力和从危机中寻找发展规律的学习力,表现为:

(1)社会组织领袖通过构建蓝图,深层次激励组织内部成员,挖掘成员潜能,达成社会组织的共同目标;

(2)社会组织领袖善于吸引和保留人才,获取组织内部成员的信任和忠诚;

(3)社会组织领袖重视自身表率作用,在组织行动中常常身先士卒,成为追随者的楷模。

从组织领导角度,社会组织从组织治理的维度,提升社会组织的整体管理水平及行动时效,最终全面提升组织在利益相关群体中的知名度和美誉度,表现为:

(1)在战略规划能力方面,社会组织能有效地确定愿景使命、设计组织架构,并有计划地建立品牌战略。

(2)在决策执行能力方面,社会组织的领导力体现在战略思维、有效

[①]　中国科学院"科技领导力研究"课题组,苗建明,霍国庆.领导力五力模型研究[J].领导科学,2006(09):20-23.

[②]　廖可昕.志愿服务组织的领导力研究——以南昌市 Z 志愿服务团为例[D].南昌:江西财经大学大学,2020:18-19.

决策、创新与变革等方面。组织应具备把握和利用最佳决策及其实施时机的能力,以及预见评估防范和化解风险的意识与能力。

(3)在人员管理能力方面,能合理分配社会组织成员构成,设计科学的组织评估与奖励机制。

(4)在组织文化建设方面,能逐渐形成组织成员共同遵守的一系列共同假设、观念、行为规范、惯例、可以识别的符号等,从而标示出社会组织的一个特定鲜明的印记。

二、利益相关者视角下社会组织领导力表征

(一)识别危机利益相关者

从利益相关者关系结构角度,社会组织领导力不是附属于特定职位上的特殊权力,从个体领导角度而言,一个领导者除了有处于其职位以下的群体之外,在组织内外还有很多与之有利益关联的人,他们在职位上可能并没有领导与被领导的关系,但组织目标的实现对这类群体同样有着不同的意义,他们对组织目标的实现起着很重要的影响作用,这种影响作用也是领导者领导力的重要组成部分。

在推动组织目标实现的过程中,领导者如何发挥与利益相关者间的相互作用,是一个重要的问题。因此,社会组织领导力的首要能力是对危机形成一个准确的认识,这一认识需要从利益相关者关系结构出发,对事件涉及的利益相关者数量、关系等进行分析,准确识别的同时需要回答以下几个方面的问题,从而使危机控制有的放矢。

(1)该事件涉及几个利益相关者,分别是谁?

(2)利益相关者的短期诉求是什么? 长期诉求是什么?

(3)在多重的利益相关者关系结构中,引致社会组织危机的利益相关者是谁?

(4)在多重的利益相关者关系结构中,社会组织的核心利益相关者是谁?

(5)核心利益相关者关心的问题是什么?

(6)利益相关者的重要性程度排序如何?哪些需要关注?哪些不需要关注?

通过下面的慈善组织施乐会危机案例可以充分理解从利益相关者关系结构角度如何塑造组织领导力。

慈善组织施乐会竞价排名,收求助帖"置顶费"①

2007年4月,施乐会在金华市上线,以"构建全球首家透明化网络爱心互助平台"为奋斗目标,其捐款包括求学、助医、济困、救助小动物等类型。受助人在该网站注册、绑定个人银行卡,经审核后就可提交求助信息,由工作人员验证后发布。捐助人也要注册账号,可在网站各种求助信息中选择捐助对象,通过网银、支付宝等支付。

2009年,施乐会以"金华市慈善总会分支机构"的身份在民政部门注册,并获得独立账号。凭借"捐款、受助过程全透明、每笔善款100%到达受助人"的承诺,施乐会迅速得到认可。不少影视明星成为捐助者,而"支付宝公益"是其最大的团体捐助者。

创办以后,施乐会运营费一直靠1家公司资助,共约700万元。会长方某称,2013年起,施乐会不再获得该公司资助,只能想办法自谋生路。施乐会有员工70多人,按平均每人每月工资3000元算,加上水电、房租等,每个月支出近30万元,因此,考虑模仿淘宝、百度的"竞价排名"模式来养活自己。2013年11月,施乐会推出"置顶费"的商业募捐模式,对要求发帖靠前的求助者收取广告费,交的广告费越多,其求助帖在网站的位置就越靠前,广告费上不封顶。

2014年,多名受助人向不同媒体诉称"通过'全国首家众筹互动平台,善款100%到达受助人'的慈善网站'施乐会'募集的善款,大部分被作

---

① 本案例整理自:佚名.慈善网站施乐会身陷"置顶费"漩涡[N].成都商报电子版,2014-11-6.

为'置顶费'返还施乐会"。

"慈善组织施乐会竞价排名"事件经媒体报道后,金华市慈善总会发出"关于施乐会在网络募捐与救助过程中有违规做法问题整改的通知",责成其立即停止。

这一情形下,社会组织要对利益相关者关系结构深入分析,才能对危机本身有深入认知,提升领导力,从而对后续危机管理提出针对性策略。

(1)该事件涉及的利益相关者:求助者、受助者、合作机构(网站)、捐助者(捐助人、资助公司)、媒体、施乐会成员(会长、员工等)、政府监管部门(金华市民政局)、上级主管(金华市慈善总会)、第三方监督机构、相关领域专家等。

(2)利益相关者的短期诉求:求助者——获得捐助;受助者——停止收取置顶费;捐助者——改变网站置顶规则或取消不平等的置顶;政府、上级主管——监督整改;媒体——新闻热点;管理人员——控制危机,获得谅解;员工——避免收入奉献;合作网站——避免受到危机牵连。

(3)利益相关者的长期诉求:求助者——受助保障;捐助者——不让网站沦为投机者天地;政府——慈善组织治理;合作机构——继续合作;管理人员——重振组织声誉;员工——工作与保障。

(4)引致危机的利益相关者:受助者、媒体。

(5)组织的核心利益相关者:受助者、捐助人。

(6)利益相关者的重要性程度排序:捐助人、受助者、施乐会成员、其他(合作网站、媒体、政府、审计机构、相关领域专家等)。

(二)基于利益相关者关系结构做出组织反应

结合以上对"施乐会"事件利益相关者关系结构的深入分析,此时社会组织危机管理的几个关注点应侧重于:

(1)时间有限,针对核心利益相关者进行决策;

(2)资源有限,集中去满足核心利益相关者的短期诉求;

(3)在与核心利益相关者长期契约关系的更新中,对其他利益相关者的长期诉求进行满足,以包容性、长期性的合作诉求替代冲突性、短期性的诉求;

(4)重点关注核心利益相关者。例如,在"施乐会"危机事件中,核心需要处理的是两类利益相关者:受助者、捐助者。把受助者和捐助者的问题解决了,施乐会才能继续生存。

危机发生后,最重要的是控制和解决危机。危机控制与解决有赖于社会组织的领导力。基于利益相关者关系结构角度,社会组织领导力在很大程度上决定了社会组织在危机中的战略选择,同时还是一种影响力,影响利益相关者的决策,从而获得利益相关者的继续认可和资源支持。

三、危机控制视角下社会组织领导力的构建方向

基于社会组织危机管理的复杂状态,特别是危机管理中社会组织利益相关者结构的复杂性和利益相关诉求的多样性,领导力可以被定义为为实现组织目标影响所有追随者及利益相关者的过程。

(一)基于核心利益相关者角度形成危机控制力

对危机中利益相关者关系结构深入分析后发现,核心利益相关者与危机管理绩效之间存在相关性,对危机管理的成败至关重要。因此,在危机控制阶段的侧重点是关注"核心利益相关者",从以下几个方面实施危机管理,形成危机控制力:

一是针对核心利益相关者而非危机的引致者进行危机策略的开发,原因是危机的引致者往往并非事件的核心利益相关者;

二是第一时间选择核心利益相关者,针对所选择的核心利益相关者采取合适的危机反应策略。

如若第一时间选择错误,即使在危机管理过程中进行了更正,仍无益于危机控制的成效。因此,社会组织应针对需要解决的核心问题准确识别危机事件的利益相关者及其结构,准确选择危机事件中的核心利益相

关者。

在危机领导力和危机演化之间,利益相关者的特征变化起到中介作用,这就意味着危机领导力能够促进利益相关者的行为特征演化,进而实现危机管理。

(二)从区别于传统领导力角度塑造危机领导力

领导力是重要保障,是动员和支持社会组织适应性行动所必需的资本[①]。然而,传统的领导力研究局限于常态稳定的环境,而危机领导力则是动态复杂情境下的行为表现,其实践包含了领导魅力、系统思考、情境互动和愿景激励四个方面[②]。即使在很多领导力研究将危机处理作为领导力测量的某一维度,但危机领导力与传统领导力存在明显的区别,对领导力的要求更高,主要体现在:

(1)传统的领导力研究以效率为核心,危机领导力研究以组织生存为核心;

(2)危机领导力有利于危机情境的准确识别和有效简化危机情境;

(3)危机领导力有利于危机情境的积极演化,最终有助于危机管理的成功。

(三)从个人领导力角度提升领袖危机领导力

从个人领导力角度,强调社会组织领袖个人特质即个人魅力,表现为社会组织领袖为组织明确使命和引领整个团队达成预期目标等方面。同时,领导者需具备危机情境下的相关管理特质,如危机解析的能力、危机沟通的能力、媒体管理能力、新闻声明的书写能力、专业谈判能力等。在慈善组织施乐会危机事件中,会长方某在扮演着极其重要的作用,我们可

---

① 焦克源.社会组织参与公共危机协同治理的困境与出路——以红十字会慈善捐赠工作为例[J].行政论坛,2020(06):122-129.

② 崔晓明.危机领导力对危机管理绩效的影响机制研究——基于利益相关者的研究视角[D].上海:复旦大学,2014:81-83.

以从中审视基于危机控制的目标,以及如何提升社会组织领袖的领导力。

慈善组织施乐会危机处理经过①

2014 年 11 月 6 日,在媒体报道施乐会收取"置顶费"事件引起广泛的社会关注后,11 月 7 日,金华市慈善总会要求其立即停止收取"置顶费"。11 月 10 日,金华市慈善总会称,审计部门已进驻施乐会。

2014 年 11 月 12 日,施乐会在其官方网站首页发出一份声明,承认并公布置顶推广项目收入金额,表示已对置顶费做出整改,并且将配合审计部门进行财务审计。声明中,负责人称施乐会作为首家网络救助平台,自成立以来救助五万人次,但这一模式在中国仍处于探索阶段,同时也认同慈善救助需要更加透明化,并在声明中留下自己的联系方式,称愿意接受社会各界的广泛监督,帮助施乐会变得更加透明、有效,让这个网络慈善救助平台能帮助更多人。以下为施乐会官方声明的部分内容:

……

施乐会作为全国首家网络救助平台,在如何更好地进行慈善救助上进行了一些探索和尝试,但在透明度方面没有做到完美,我们会继续优化改进。"置顶推广"服务目前已经暂停。十分感谢广大媒体对我们的关注,并欢迎全社会继续给予监督,49722 个受助家庭电话在施乐会均有公示,敬请各位查证核实,您有任何问题,请随时联系我,我是施乐会会长方某,我的电话 1865796××××。

同时,会长方某接受了媒体采访,部分采访内容如下:

……

记者:金华市慈善总会称,今年 4 月就叫停"置顶费"。为何今年 6 月,又开始通过第三方网络推广公司收取?

---

① 本案例整理自:佚名.慈善网站施乐会一年收 719 万置顶费称因经费难以为继.四川新闻网,2014-11-13.

方某:这是个探索吧。他说施乐会自己做这个是违规的,但和第三方合作,到底违规不? 我们不知道,所以我们尝试一下。

记者:我们了解到,受助人交了"置顶费"后,如果捐款没达到"置顶费"的数额,施乐会会进行差额退还。有网友质疑,施乐会其实并没有1亿多元捐款,其中差额返还款占了很大比重。

方某:差额返还款没有占到很大的比重。公告里公布的捐款额不包括差额返还款。至于1亿多元捐款中,有多少差额返还款,我现在还没有统计。我预计差额返还款有几百万元的样子。

记者:金华市慈善总会称,"置顶费"收取属于违规。之前收取的"置顶费"会退还吗?

方某:违规的话,我觉得要有法可依。如果我真的违反了哪条法规,该怎样就怎样。

记者:取消"置顶费"后,施乐会下一步如何运营?

方某:这个我们都在想,还没有想到一个成熟的办法。我们也呼吁一下,让广大网友帮我们想想下一步该怎么运营。

危机一定会带来巨大冲击,但问题的关键不是变化,而是能否认识和理解变化。在一个几乎是完全未知的情形下,无法预测,未有先例,信息混杂却又传播迅速,此时尤其考验肩负责任的社会组织管理者。对真正的领导者而言,不是按部就班解决问题,而是能极速改变认知,适应持续变化的危机,明确做出选择,给混乱的环境与动荡的组织确立方向,引领组织成员克服困难,摆脱困境。

领导者必须清楚,在危机中,没有经验可循,一切都在动荡与模糊之中,所以组织必须在危机中拥有自己的"指南针",这一"指南针"就是领导者本人。要做到这一点,管理者首先要成为真正的领导者。在危机管理实践中,危机领导者表现出的"个人魅力"应该具有以下几个方面的特征:

第一,勇于承担责任。在施乐会危机事件中,会长方某敢于"在声明中留下自己的联系方式，称施乐会愿意接受社会各界的广泛监督"，在一定程度上挽回了组织形象。

第二，沉着冷静，能对复杂情境准确认知和解读。危机管理任务的不确定性决定了危机发展的方向难以准确把握，也难以确定决策或采取行动所产生的效果，而凭借自身经验和直觉的选择很可能导致错误的判断和行动，从而导致更严重的危机发生①。在 4 月金华市慈善总会叫停施乐会"置顶费"的情况下，施乐会领导者虽然"沉着冷静"地尝试新的运营模式，即于 6 月份探索和第三方合作，通过第三方网络推广公司收取同笔费用，但没有对复杂情境进行准确认知，未能对上级主管部门、捐助者及受助者等利益相关群体的监督和诉求进行有效解读，从而无法掌控危机的发展态势并控制危机产生的后果，导致了 11 月份更大的信任危机，使领导者个人和组织在名誉、权力和资源上遭遇更大的损失，甚至有媒体质疑会长方某"曾从事生产管理、培训师、拓展训练教练等职业。在经营施乐会之前，并无公益领域从业经验"，缺乏慈善组织领导者的胜任能力。

第三，开诚布公。在应对过程中，媒体报道，"对于受助者在 5 月后的部分打款凭证，方某称，可能是已经离职的客服人员的个人行为，并表示，没有谁规定做慈善必须是无偿的"。可见，对危机事件没有开诚布公，只会加剧社会组织的信任危机。

第四，果断行动。在危机处理过程中，会长方某称，"至于 1 亿多元捐款中，有多少差额返还款，我现在还没有统计"，"还没有想到一个成熟的办法。我们也呼吁一下，让广大网友帮我们想想下一步该怎么运营"。这些都不符合社会组织领导者果断行动的领导力要求，不利于社会组织迅速走出危机困境。

第五，具备边缘领导力。学者路江涌（2021）提出危机边缘领导力的

---

① 叶紫蒙，马奔，马永驰.危机管理中政府官员避责的结构性差异——以新冠疫情防控期间的问责为例[J].中国行政管理,2022(02):149-155.

概念,他认为,社会组织的领导者也需要常常保有危机意识,清楚地知道自己是行走在危险边缘的,应具备边缘领导力(如下图 3-2 所示)。[①] 事实上,在施乐会"置顶费"危机事件之前,2012 年,施乐会就已陷入"有偿社工"的争议中。有媒体报道"浙江慈善组织施乐会规定,社工募款可从每笔捐款中最高提成 15％作为报酬[②]"。相关领域专家、网民等纷纷就此发表看法,有的认为此举是"国际通行规则,应鼓励探索",有的则指责施乐会"虚假宣传,骗捐",对于这一"危""机"并存事件,施乐会领导者并未保有危机意识,方某回应称,"这种模式能保证社工筹款的积极性,'有偿社工'与公益慈善应实现共赢","自己是民间公益组织,无固定经费来源,需要'抽成'来维持运营"。如果说具备危机边缘领导力的施乐会领导者意识到组织时刻"行走在危机边缘"的话,领导力必须在危机中从组织中心

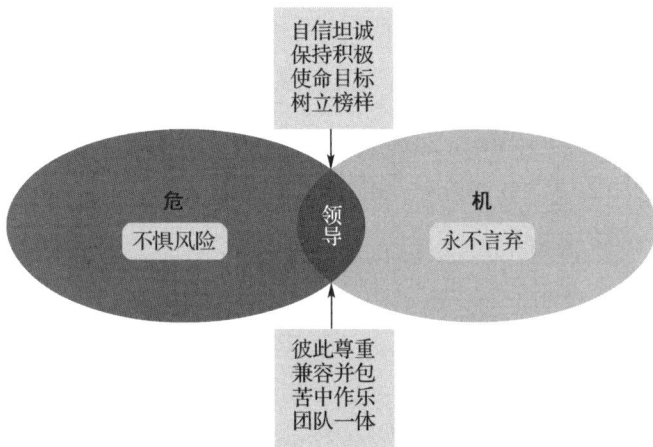

图 3-2　危机边缘领导力

(图片来源:路江涌.危机边缘领导力[J].清华管理评论,2021(02):47-57.)

---

① 路江涌.危机边缘领导力[J].清华管理评论,2021(02):47-57.
② 李丽,杜小娟.一慈善组织募集善款 社工可提成 15％引争议[N].中国青年报,2012-08-26.

转移到组织边缘，从组织内部转移到与组织密切相关的利益相关者手中，就不会在两年后面临毁灭式的更大危机。

(四)从组织领导力角度提升组织危机应对力

如前所述，组织领导力即整个社会组织的领导能力，由战略规划、决策执行、人员管理以及组织文化建设等构成。以战略规划为例，从组织领导力角度提升组织危机应对的战略能力，要求组织同样要具备和个人领导力一致的"边缘危机领导力"，即组织危机感。组织危机感将会影响社会组织的战略选择模式。一方面，组织危机感促进组织转型行为，在某种程度上起到触发功能，是组织转型行为的激发因素。组织危机感激发社会组织领袖反思以往业务及业务模式，批判地审视既往的主导逻辑，有利于打破和跳出旧有框架，进行产品和业务模式的创新。另一方面，组织危机感也刺激组织查找内部管理问题，吸引他们对内部效率的关注。

危机领导力的培育，在很多组织中并未受到足够的重视，这也是组织危机管理能力提高需要解决的核心问题。在危机中，原有的组织管理经验和组织系统习惯已经不再奏效，社会组织想要成功控制危机，就需要有能力处理多维相关的问题，能快速做出自我改变，并能创造性地去解决问题，高效行动。在进行危机领导力的培育方面，组织要从以下几个方面进行实践：

(1)专业的人做专业的事情，危机管理的负责人不一定是组织的行政领导，而是专业的危机管理人员；

(2)组织必须培育两种不同的思维方式，尤其是组织的领导者，这两种思维方式包含了常态情境下的效率思维和复杂情境下的生存思维；

(3)情境化的行为与特征，以免领导者的个性化风格在危机管理中产生负面作用；

(4)摆脱以效率为核心的管理目标，建立以生存和创新为核心的管理目标。

第三节 危机恢复与社会组织人力资源治理

一、社会组织人力资源管理与人力资源治理

从人力资源管理转向人力资源治理研究,是近年来企业人力资源理论和实践的重大转向。传统人力资源管理强调"员工的管理",既包括员工招聘选拔、培训发展、薪酬福利、绩效考核,也包括基于员工所建立的组织架构;作为一种新兴的企业实践,人力资源治理关注公司治理中核心的"机构与人员",包括组织架构(董事会、专业委员会、监事会、高管层、工会、工作委员会等机构)的设置和人力资源(董事、监事、高管、职工监事、职工代表等人员)的治理[①]。

新形势下,人力资源治理理念逐渐向更多领域迁移和泛化,人力资源治理作为组织内部治理的一部分,行使着组织治理的核心职能。社会组织内部治理领域如何吸纳和融合人力资源治理理念,从而提升组织治理能力,是社会组织亟须应对和解决的重大挑战。目前,社会组织人力资源治理缺位,应主要关注两方面:

一是决策与管理关系的治理问题。

首先,理事会和经营团队在组织发展和执行力信息方面的对称性。只有理事会和经营团队信息对称,才能健全社会组织内部治理,保证正确的判断力、决策力和执行力,保持组织文化氛围的构建,以及反思能力的强化。基于此,社会组织才有能力应对来自外部社会问责。社会组织信息透明的目的是获得组织在捐赠者、公众等利益相关群体中的吸引力,然而,一个内部信息不能透明共享、治理结构不清晰的社会组织,不可能做到对外信息透明化。

---

① 杨伟国,唐乐.战略与执行:人力资源治理与人力资源管理[J].经营与管理,2015(01):37-40.

其次，理事长、秘书长二者的配合程度直接影响社会组织的决策质量和管理水平。在每次召开理事会之前，理事长都要对会议议程提前思考，并通过与秘书处召开联席会议，围绕长期战略规划执行情况、年度预算完成情况、年度考核方案、重大人事调整议案、下年度工作计划与财务预算草案、机构品牌战略等召开若干预备会议，必要时需请理事会、战略委员会、审计委员会、提名委员会等成员介入这些预备会议中。同时，在日常工作中，社会组织要形成制度规范，使秘书长领导的经营团队工作信息透明，实现与理事会和理事长的信息共享，才能使决策团队和执行团队之间沟通有效，治理结构功能最为强大。

二是社会组织的人才治理问题。

人员结构是社会组织发展的根基和保障，是制约社会组织内部治理效果的关键因素。在人力资源、法务、金融等社会团体、基金会和社会服务机构中，主要利用专业知识和专门技能从事管理工作或提供专业服务。然而，社会组织中往往兼职工作人员占比较高，工作人员素质参差不齐。社会组织人才治理不仅要保证人员数量尤其是专职工作人员的数量，更要注重人员质量提升，优化社会组织人员结构[①]。作为基本公共服务的有利补充，社会组织要紧密对接用人主体与人才的个性化需求，优化人才服务体系，促使人才效能最大化。

二、利益相关者视角下社会组织人力资源治理的内容

(一)管理层治理

管理层属于社会组织的执行层，负责整个组织的对内运作和对外协调。社会组织的可持续发展更依赖于出色的领导者进行管理，其原因在于：首先，公众对社会组织的预期更高，其一旦经营不善或陷入泥潭将受

---

① 潘琳，周荣庭.回应性监管视角下社会组织内部多元协同监管模式研究[J].华东经济管理，2019(05):177-184.

到舆论的强烈谴责;其次,社会组织如志愿服务以广大志愿者为基础开展工作,其不当的内部管理不利于吸引优秀成员(志愿者)的加入,这将严重制约组织本身及其事业的发展;最后,社会组织的使命远景、发展战略和长短期发展规划、日常运营等均需管理层进行确定。因此,对管理层的激励和培养是社会组织人力资源治理的重要内容。对社会组织高层管理者(如理事长、秘书长等)的激励、选聘及继任不仅对社会组织具有战略意义,也是社会组织人力资源治理的重点。

1. 社会组织发起人治理

一是社会组织发起人的价值观坚守。社会组织发起人一定是最在乎并坚守公益价值观的人。任何治理结构中的规则和制度,其根基是价值观,作为提供公共服务的组织,如果发起人能坚守公益价值观,就能建立起一套方向明晰逻辑一致的规则,从而形成一个与组织目标相一致的治理结构。

二是社会组织多人发起人的契约治理。如果社会组织由多人发起,则发起人应签署发起契约,约定本组织的使命、目标和核心价值观,并商定机制,阐明如果有人违反了共同的使命、目标和价值准则,如何通过退出机制的设置来解决危机,选择新的发起人补位等。

三是企业家发起人的价值认知。假如企业发起人把公益慈善理解为搜刮社会资源去学雷锋做好事,或认为做公益和做企业并无本质差别和价值差异,或捐钱成立基金会的目的是为了提升自己公司的社会影响力和广告效应,甚至利用基金会资源与政府交换资源,那么就无法对社会组织治理结构和功能目标有审慎思考与有效构建。

2. 社会组织理事治理

一是理事的资质。理事会是由理事构成的,寻找合格的理事要考虑四个方面的因素:第一,理事候选人对公益理念、慈善理念等有深刻的认知,并具备必要的公益和慈善经验。第二,理事候选人有与履职相匹配的志愿精神，并有为本组织付出的时间。第三，理事会的构成要有结构性搭配，要有懂公益战略的，懂法律的，懂财务的，懂公益项目和筹资管理的，还需要懂投资的乃至某些专有技术的，等等。第四，组建理事会不仅要物色合适的候选名单，并且要通过合同约定在本组织中理事志愿服务的责任与权利。

二是理事长的选择。理事长的选择要考虑的几个条件：

第一，理事长人选应持有正确的公益或慈善价值观。目前，我国社会组织领袖多为政府部门退休干部或成功企业家，组织的使命和核心价值观由其慈善观、公益观决定，如果不能对志愿精神与社会自治具有普世性的理解，那么，其所要做的事大概率为假公益，或者打着公益旗号投机，最终结局一定会把组织带上歪路。因此，持有正确的公益或慈善价值观是理事长人选应具备的核心条件。

第二，理事长应具备社会组织的战略思维能力。作为公益组织，其核心职能就是要立足社会痛点，提出解决方案，如果理事长有能力对公益行业以及公益性社会痛点问题有正确理解，并具备依据这种理解厘清组织战略的能力，可以完成相应的组织架构与运营设置，那么，社会组织的目标结构就能与其管理进程相匹配，并能可持续发展。否则，该组织将处于战略方向不清、组织架构不明的运营状态，其管理也将是非正式的，而非原则性的、制度式的，更多是家长式的管理，前景堪忧。

第三，理事长有不插手执行层的自我约束力。这种约束力既体现在理事长在每次理事会前做耐心细致的调查研究和思考工作，从而将理事会塑造得日益专业，发现组织战略问题和运营问题，并通过制度安排的改进来对组织进行导向和风险把控；也体现在理事会之后将日常运营交由秘书长带领团队去执行，要求执行信息公开共享但不插手干预具体事务。

三是秘书长的标准。同样，持有正确的公益或慈善价值观也是秘书长的第一标准。如果秘书长不能持有正确的公益或慈善核心价值观，就不能正确衡量如何积累社会组织的公益口碑，从而不能正确判断和权衡组织即期收益与中长期品牌收益之间的平衡,最终会因短期收益的诱惑而偏离组织使命和愿景。

强执行力是秘书长的第二个标准。理事会制定目标后,秘书长要为达成组织目标不遗余力,寻找解决方案改进并实现目标,其中包括对执行机制的研究与思考,调整团队的分工与协作来改进绩效,善于与理事会沟通获得必要的授权与激励支持,以身作则地冲锋陷阵,等等,这些都是秘书长执行力的必要构件。

思维创新是秘书长的第三个标准。如果一个社会组织的秘书长有学习能力和创新能力,该组织就具备可持续发展的能力。在成长型组织中,优秀的领导者是保障组织持续发展的主导因素,具有创新思维的领导者,能带领组织与环境进行互动,能够在洞察变化中做出选择,引领组织战胜危机,获得组织恢复生机所必备的内在要素。

(二)团队治理

人力资源提升到治理层面,则关注治理中核心的"机构与人员",关注员工的民主参与,着眼于整个人力资源体系的宏观层面。在施乐会危机事件中,可以发现,员工治理对改善组织绩效非常重要,同样,不合格的员工治理会给组织发展带来重创。

施乐会运作团队架构及员工表现①

据施乐会官方网站和有关媒体对公益界同行的采访,施乐会运作团队的轮廓得以勾画:

(1)施乐会创始人为国内著名网络游戏账号交易平台"5173网"创始人张某,有种说法是,张的母亲一心向善,为了满足母亲心愿,张便运用网络技术构建了施乐会这家定位为"全球首家透明化"的网络爱心互助平台。

---

① 本案例资料整理自:张木兰.施乐会"置顶费"事件还原[N].公益时报,2014-11-18.

（2）施乐会会长方某为金华本地人,云南大学工学学士。曾从事生产管理者、培训师、拓展训练教练等职业。在经营施乐会之前,并无公益领域从业经验。方某在做施乐会之前曾在张某的公司工作,施乐会之所以能保证100%善款捐给求助人,就是因为张某一直向施乐会提供行政经费支持,而自从张某的母亲去世后,张某停止了资助,方某只能自己解决经费问题。

（3）与传统的公益机构相比,施乐会的团队构成更像是一家互联网公司。在其网站上公布的28位团队成员中,负责施乐会网站的就有11名,并且分工明晰:负责网站功能开发与维护的技术支持人员5名、负责网页设计的人员4名、负责网站维护的人员1名、代码管理人员1名。而负责客服、活动策划、信息审核与资金兑现和网络推广的施乐会专员共9名。

在施乐会危机事件应对过程中,可以发现,员工在危机发展过程中扮演重要角色。例如,受助者杨某提供了一段其与施乐会客服人员的通话录音。

施乐会客服:你打给我们置顶费1000元,我帮你推广嘛,从今天12点到明天12点,假如说捐款2000的话,都归你了嘛,如果少于1000的话,我再补给你,你也不亏。

杨女士:1500元也可以吗?

施乐会客服:随便你打多少啦,反正你打得多我返还你高一点。

杨女士:那完了之后我交的置顶费你们还会返还给我,是吗?

施乐会客服:置顶费就是推广费嘛,如果你不推广的话每天就一两块钱(的捐助),那捐到何年何月去啊,我帮你推广,这个钱来得快一点嘛!

之后,有网友再次在投诉平台投诉置顶问题时,施乐会客服人员表示:目前施乐会已取消置顶。此后,涉及置顶问题的投诉,客服人员均回答施乐会已取消置顶。

可见,在人力资源调配上,施乐会存在行动指向不足的表现:首先,行动动员不够，员工工作积极性不足。其次，人员行动分配随意，职责分配专业化不够。再次，内部人员作风特别是组织领袖人物的自身行动、人员调配等内部活动存在家长式行事风格，在外部行动中又出现行动的无规则性、随意性。发展存在困境的社会组织有很大部分原因来自自身人力资源的不足，主要表现为：组织核心成员对社会需求缺乏专业敏感度；由于组织制度不甚完善，成员流动性大，服务参与频率不稳定；同时，组织约束力较弱、组织薪酬低、劳动强度较大、内部缺乏人员保障等也造成了社会组织较为缺乏人才。

社会组织由于受公众高度关注，任何一个组织内部成员的问题都有可能对组织造成无法估量的负面影响。因此，社会组织对发展成员必须持审慎态度，严格审核把关，成员发展必须强调质量胜于数量，避免由于人员素质不高而影响整个组织的社会诚信度。可持续发展的社会组织离不开科学合理的员工队伍建设，要建立健全培训制度、激励机制等以提升组织成员专业服务水平与整体素质。[①]

(三)人员监督

在社会组织中，大多数理事会成员不是专职工作人员，或不具备专业知识，因此对组织各机构和人员的监督是有限的，有效性大打折扣。同样以慈善组织施乐会"置顶费"危机事件为例，公众尤其关注"施乐会、金华市慈善总会以及市民政局"三者之间的关系。作为社团法人，施乐会没有自己独立的法律资质。管理上，作为慈善总会的一个分支机构，慈善总会作为主体对其进行管理，民政局是承担监督慈善总会的责任。公众仍然关注到，在金华市慈善总会的领导成员中，至少有三人都曾经担任过市民政局的领导职务，而在施乐会置顶费的事件中，市民政局又扮演监督管理的角色。

---

① 赵冬，陈志超.城市协同治理的社会组织：结构、机理与增效[J].上海行政学院学报，2021(02)：73-82.

社会组织应尽可能为组织内部成员提供更为全面、更为优质的服务,自觉接受组织成员的监督,尤其是财务和税收情况,增强成员对组织的信任以提升组织凝聚力和感召力。从人力资源治理的角度,可通过完善社会组织的内部监管制度,确保公益任务过程的合理性,注重事中、事后监管。也可以研究建立相当于组织内部第三方独立的监测研究部,独立调查每个项目的执行情况和问题。

三、危机恢复视角下社会组织人力资源的治理方向

(一)危机恢复视角下的管理框架设置

实力雄厚的社会组织可以设立专门的公共关系部门,并将危机管理职能作为公关部门的重要管理议程,或者选择将危机管理的职能交与外部咨询公司进行障碍处理。对于大部分受到财力、人力资源限制的社会组织,通常对危机管理持有则处理、无则不重点防范的态度,因此,在危机发生时,社会组织需要建立危机管理小组来协调和控制危机及其产生的影响,以恢复组织生机。

然而,危机管理团队建设应是社会组织的一项日常议程,因为危机的潜伏性和突发性,容不得团队构建得匆忙和混乱。在危机恢复过程中,组织内部应有制度化、系统化的业务流程和组织机构。可根据组织规模和实际需要,组建危机管理小组的子团队,包括问题管理小组、危机应对小组和危机沟通小组等。

1. 问题管理小组

问题管理小组主要负责对任何组织系统障碍问题的处理。对可能转化为危机的危机前兆问题,一方面试图尽早防范以扼杀其于萌芽之中,另一方面,即便无法挽回其演变为危机的大势,也要通过在危机潜伏期及早应对,将日后的危机影响范围和严重程度降到最低。换言之,危机的防范从问题管理小组开始。

2. 危机应对小组

危机应对小组的职责是从战略层面进行危机管理动向的把握：

（1）保证组织业务的正常运转；

（2）与政府机构、其他重要社会慈善团体等进行高层沟通；

（3）确定面向投资者、媒体、员工及其他利益相关群体所需传播的信息内容和表达方式；

（4）与法律顾问沟通；

（5）跟踪公众反应走向，准备好探视利益受损对象；

（6）参与和审核危机管理的各项指标与参数制定；

（7）确立在危机管理的整个过程中，表现积极并极大地提高危机应对和解决效率的个人或团体的激励和奖励制度；

（8）保证组织决策层了解危机管理情况的总体进展，尽快赶赴危机现场，启动媒体沟通程序。

3. 危机沟通小组

在危机管理过程中，传播沟通十分重要。在危机生命周期的不同发展阶段，在组织内部和组织外部传播中，要注意和相关利益群体的公关沟通，以在无形中引导组织外部环境向着对解决危机有利的方面发展。危机沟通小组应主要关注危机事件本身，如什么人、什么事、在什么地方、什么时候、为什么会发生，应实事求是。

需要指出的是，在实际操作中，危机管理框架设置主要从功能来划分，有互相重叠的情况，如可将危机沟通小组并入危机处理应对小组。总体而言，建立合理的危机管理组织模式，打造强有力的领导核心对危机恢复具有重要意义。

（二）危机恢复视角下的人力资源甄选

基于以上管理框架设置，社会组织危机管理小组应是一个相对动态的团队，其构成主要包括组织核心领导者，危机相关人员，公关、律师等专业人员,财务主管,危机发言人等几类人员。

1. 组织核心领导者

组织核心领导者的加入有助于鼓舞士气,协调各种矛盾,做出权威的决策,并使各项决策得到最彻底、最坚决的执行。危机管理团队如果缺乏组织核心领导者的加入,必然会大大降低危机管理的效率。

2. 危机相关人员

危机相关人员是指危机涉及的相关人员,可从两方面理解:一方面是危机所涉及领域的相关人员,譬如,爆发社会组织的财务危机,则社会组织相关的财务人员就应被吸纳进去;另一方面是危机所涉及地域的相关人员,也就是说,危机在哪里爆发,当地组织的有关管理、服务等人员也应被吸纳进去,以便更迅速、更妥善地处理危机。

3. 公关、律师等专业人员

专业人员的介入可对组织的危机处理提供有力的智力支持。在与公众、媒体的沟通中,公关人员积累了较丰富的经验,处理问题更加得心应手,是危机沟通中的润滑剂。当危机涉及重大生命、财产损失,影响严重时,律师等专业人员的加入便显得尤为重要,通过提供法律支持,使组织在危机中的一切决策与行动都尽可能规范、合法,避免在时间紧迫、资源有限的条件下做出不当的决策。危机管理小组中的公关人员和律师既可以是来自组织内部的有关部门,也可以是根据组织的需要从外部聘请。

4. 财务主管

财务主管的加入有利于危机处理中各项支出迅速到位,为危机管理提供有力的资金保障。此外,财务主管通过对成本的控制,客观上起着降低危机带来的直接损失的作用。

5. 危机发言人

无论在危机爆发初期的谣言四起,还是危机发展过程中的众说纷纭,危机发言人都起着重要的作用。危机发生之后,社会组织要立即指定发言人代表组织对媒体发言,这些发言人可以是组织内负责传播活动的管理层人员,也可以是组织内的专家人士。危机越严重,发言人职位就应越高。

需要注意的是,危机管理领导系统的组成人员并不是固定的,危机涉及的领域不同,危机管理小组的构成也应有所区别,因时因地制宜,保持危机管理小组一定的流动性是危机管理的客观要求。

(三)危机恢复视角下的人员配置要求

危机处理能否顺利展开,与执行者密切相关,尽管危机管理小组囊括组织核心领导者,危机相关人员,公关、律师等专业人员,财务主管,危机发言人等,辐射面和成员结构配置相对完善,但实际危机处理过程中仍旧会出现各种不同的问题,因此社会组织要讲究眼光和策略,基于以下三点甄选和配置危机管理人员。

(1)危机应急一旦启动,马上指定统一的指挥官,所有重要指令由指挥官发出,统一行动。

(2)尽量调配经验丰富、专业性强的合适人员参与危机处理。因为危机处理是一个非常态的状况,对人员素质要求相对较高,应该摒弃对业务不熟悉、沟通表达能力不佳的参与对象。

(3)要求参与成员恪守危机管理预案指导方针,尤其是相关原则。

第四章

政府公关:基于外部利益相关者的社会组织危机管理

政府对社会组织的发展是持抑制还是支持的态度对组织危机会产生一定影响,有效的危机管理应通过提升与特定政府部门的文化相容度等,确保组织的社会地位和组织目标实现。这说明,一个组织在应对危机时,政府及相关权力部门持怎样的态度会影响到最终决策的有效性。因此,社会组织可以借鉴企业的权力营销观念,通过政治途径为自己寻求良好的生存发展环境,当社会组织面临危机时,权力营销可演变为如何做好政府公关工作,借力政府去化解危机。

第一节 社会组织与政府关系

一、政府对社会组织的价值

政府是社会组织运营的外部环境因素之一,通过各种政策的制定和实施,政府制约和影响着社会组织的运营活动。

1950 年,《社会团体登记暂行办法》颁布,1951 年该办法的《施行细则》颁布,确立了三重监管制度,限制了基金会的发展。

1993年,《中华人民共和国红十字会法》颁布施行,是我国唯一的为一个社会组织制定的全国性法律。

1998年,《社会团体登记管理条例》修订,同年出台《民办非企业单位登记管理暂行条例》。

1999年,《中华人民共和国公益事业捐赠法》颁布。

2001年,《中华人民共和国信托法》颁布,为公益信托发展奠定了基础。

2004年,《基金会管理条例》颁布,这是我国社会组织立法在新世纪发展的里程碑。

2006年,《基金会年度检查办法》和《基金会信息公布办法》正式公布施行,为基金会透明化的发展奠定了重要基础。

2015年,《政府购买服务管理办法(暂行)》施行,为社会组织发展带来了勃勃生机。

2016,《中华人民共和国慈善法》施行,原民办非企业单位被正式更名为社会服务机构。

2017年,《中华人民共和国境外非政府组织境内活动管理法》实施。

2018年8月3日,民政部公布《社会组织登记管理条例(草案征求意见稿)》全文,征求社会各界意见,《社会组织登记管理条例》正式施行后,《社会团体登记管理条例》《基金会管理条例》《民办非企业单位登记管理暂行条例》三大条例同时废止。

此外,还有各种地方性法规,如2005年《广东省行业协会条例》正式实施,标志着我国第一部关于行业协会的地方性法规出台。

这些政策的实施,保证社会组织顺利进入经济和社会发展领域,促进公众志愿服务、公益慈善等观念的转变,为社会组织创造了良好的政策环境。然而,这也意味着社会组织的运营活动受政府这一利益相关群体的制约。

二、社会组织与政府的关系类型

改革开放以来,"社会组织—政府"关系历经承接与让渡、依附与规范、协同与激活三个阶段,不同关系类型受社会组织发展模式的影响,目前,我国社会组织发展模式存在着明显差别,归纳起来可分为政府主导型、行业自治型和草根自发型三类,不同类型社会组织与政府的关系紧密程度度也有所不同。

(一)政府主导型社会组织与政府关系

在政府简政放权、转变职能的过程中,我国作为独立存在的社会组织发展较晚,原本属于政府机关管理的领域,逐渐移交相关的社会组织进行服务,这就产生了大量由政府部门或事业单位主办的政府主导型社会组织,这类社会组织为满足和转移政府职能需求生成,依靠自身专业实力进入市场,在城市交通、供水、供电、供气、污水和垃圾处理等硬件设施的建设方面,以及医疗、教育、社保、养老、就业、文化娱乐等软件服务领域承担很多公共服务职能,保障政府转型后的社会治理平稳过渡,在发展过程中直接接受政府提供的财政资源,决定了这些社会组织的成长是一种典型的政府依赖路径,需要政府引导和支持。其优点是容易吸收有利政策,符合政府目标规划,开展工作较为便利。另外,这些社会组织由政府扶持成立,以政府需求为主导,具有先天的资源优势,在具体项目运作过程中,执行效率和人员配置由于受到政府背书,风险得以控制。

然而,政府主导型社会组织因与政府关系密切,缺乏独立性和自主性,过多依靠政府,造成其危机意识薄弱,对危机事件缺乏敏锐的"嗅觉",对危机事件的反应速度也比较慢,更是忽略危机预警系统的长期有效建设[1]。

---

[1]　徐宁,曾逸萱,杨智颖.我国慈善组织危机管理策略[J].沈阳农业大学学报(社会科学版),2017(04):403-407.

(二)行业自治型社会组织与政府关系

随着市场经济不断发展,除了政府有关部门的监管和服务外,市场对行业自身的发展提出了更高的要求,行业自治型社会组织应运而生,一些具有专业分工或满足特定需求的社会组织如行业协会等发挥了公众参与和公共治理功能。

值得注意的是,一些行业协会商会由政府职能转移改制或者由政府主导组建自上而下形成,是政府部门与企业之间的"桥梁纽带",主要发挥"上传下达"的中介作用,一方面向下传达政府意图和执行相关政策,一方面向上反映企业诉求,为内部成员争取利益。在这种情况下,政府与行业协会虽然保持一定距离,但仍然存在剪不断、理还乱的关系,行业协会利用"官民二重性"的半官半民特殊身份获取组织运作所需的各类资源。在对政府的习惯性依赖下,行业协会较难得到会员的信任,为了生存,会员并非行业协会首要服务对象,行业协会运行的目的是做到与政府最大化的利益契合,保证其生存并获得一系列发展机会。

而一些由民间自行组织起来的如行业联盟、各地商会、留学生联谊会、同乡会等社会团体及单位则改变了社会组织由政府自上而下建构的局面,依据真实的社会需求由市场需求驱动来确立,依靠社会力量发起,其诞生伊始即扎根社会基层、贴近社会大众、服务社会需求,经费自筹、人员自聘、活动自定,超越了自上而下的"先天不足",具有摆脱政府黏附的天然素质禀赋①。

总地看来,行业自治型社会组织较之政府主导型社会组织,具有如下优点:一是符合市场需求,更能针对性地对成员进行管理、协调、约束,以促进行业或领域的发展;二是能为需求、利益接近的细分行业成员提供指导和服务,保障专业化、规范化的社会服务质量。

---

① 苏曦凌.政府与社会组织关系演进的历史逻辑[J].政治学研究,2020(02):76-89.

(三)草根自发型社会组织与政府关系

随着民间众筹组织等一系列草根组织的萌芽，去行政化社会组织不断兴起，这些草根组织通常经历从志愿团队身份到法人身份，再到合法社会组织身份，并成为行业标杆组织的发展路径，其行动策略显示出社会组织自下而上获得合法性的过程，较好排除了政治联系等其他因素对其合法化进程的影响。这些组织主要从事各类社会福利和公益慈善活动，自发、自愿地致力于教育、文化、科学、艺术、环境保护、救灾济贫、扶弱助残、医疗救助等公共服务、社区发展等新兴领域，其资金来源形式逐渐丰富，公益众筹更是其不断推广的形式。

就与政府关系而言，自发型社会组织参与社会公共服务，首先应取得主体资格，这种资格一方面由法律、政府认可与确定，另一方面由社会价值观和规范界定，即获得规范合法性。例如，在进入社区服务参与社区治理之初，草根自发型社会组织未登记注册，迅速获得法律认定和政府认可不具有可行性，可先采取积极的行动策略取得社区自治组织、社区其他组织和社区居民的接纳，谋求规范合法性，就是说，社会组织的规范合法性主要体现在获得利益相关者对其正确履行社会责任的评价上①。虽然，政府赋予社会组织管理者、自治者和代理者等多重角色，但社会组织作为公共物品的生产者和公民自我管理的代理者的具体角色参与提供社会服务，是最被利益相关者所期待的。

因此，草根自发型社会组织可以选择对其资源有迫切需求的公众市场以及社区既有的治理模式和管理体系认可介入的领域，实现角色归位，履行专业社会责任，获取规范合法性，在此基础上，草根自发型社会组织与政府的关系有所不同：

一是可以通过扩散新模式，建立组织声誉，运用声誉机制游说政府改

---

① 王杨.社会组织在社区治理中的合法化路径与策略——基于北京市一个草根社会组织的个案研究[J].中州学刊,2018(12):79-84.

变既有规则,获得正式许可,增强组织主体资格等规制合法性。

二是可通过众筹形式,鼓励公众参与政府转型期社会治理,合理集中社会闲散资金,克服草根自发型社会组织资金上的先天不足,使其能够避免政府制衡,解决自身可持续发展难题。需要注意的是,政府对此类社会组织仍需进行"劝募许可",已减少这类组织特别是慈善组织被"污名"可能性,这也是抑制"慈善垄断",促进慈善公益透明的法宝。

总地看来,不管是政府主导型、行业自治型,还是草根自发型社会组织,政府的信任与支持是组织合法性的重要来源。在我国,政府作为权威部门,对于很多资源尤其是公信力资源具有垄断性优势,这意味着社会组织公信力的基础是组织的合法性,难以获得合法性地位的社会组织是没有公信力可言的。因此,社会组织若能得到政府的支持与认可,将能快速获得公信力优势。这就要求社会组织必须正确处理与政府的关系,获得政府的支持与认同,但这并不意味着社会组织必须依赖于政府,良性的"社会组织—政府"关系是一种合作关系,社会组织合法性的基础应是保持其机构运行和管理的独立性,社会组织需要为争取"政府承认"与"社会承认"的双重合法性而努力。

第二节 社会组织危机中的政府角色

当组织应对危机时,政府给予的支持政策越高,其影响程度越高,越能促进组织危机决策的有效性[①]。在危机管理过程中,政府是任何一个社会组织的管理者都无法回避的重要利益相关者。目前地方政府形成了三种社会组织的分类治理模式:第一,推动人民团体及免登记团体的枢纽性

---

① 门伟莉,邓尚民.组织危机决策影响因素与决策有效性实证研究——基于山东省企业组织危机决策的反思[J].情报杂志,2010,29(05):102-106.

社会组织建设。第二,对服务性社会组织进行项目制的组织治理。第三,通过领袖吸纳、组织(结构)吸纳与职能吸纳的方式,将草根化、多元化的利益表达性社会组织并入政治体制①。无论地方政府对社会组织采取哪种治理模式,在危机的预防期、处理期还是恢复期,社会组织都必须充分认识到政府的重要性,并竭尽全力争取政府的支持与协助。具体而言,政府在社会组织危机管理中扮演的角色主要体现在四个方面。

一、信息优先者角色

相对于社会组织,政府对信息有更大优先权。信息对于社会组织生存与发展至关重要,危机状态下更是如此,原因如下:

首先,掌握充分信息是社会组织进行合理决策、有效预防危机的基础。

其次,在危机处理过程中,掌握充分信息能使企业不至于面对各种流言与谣言手足无措,且能增强社会组织进行决策的科学性。

最后,在危机恢复阶段,掌握充分的信息能使社会组织更快地摆脱困境,抓住有利时机转危为机。

因此,政府对于相关信息的优先权是社会组织获得充分信息的重要来源,它导致社会组织在危机状态下对政府有一定程度的依赖。

二、运营干预者角色

作为最具社会影响力的组织,政府对社会组织的支持与帮助往往能使社会组织获得优越的竞争条件和有利的发展环境。正因如此,各类社会组织都高度重视和发展与政府的关系,通过公共关系活动促进政府行为向着有利于本组织的方向发展,协调好与政府之间的关系也是社会组

---

① 王向民.分类治理与体制扩容:当前中国的社会组织治理[J].华东师范大学学报(哲学社会科学版),2014,46(05):87-96.

织危机管理过程中的重要内容。政府的力量不可低估,政府的一项政策可以决定社会组织的发展空间大小或有无。社会组织将危机处理看成是一个与政府发生互动,赢得政府支持的过程,对这一过程的重视与否从某种程度上决定着社会组织的命运。政府对于社会组织运营的干预主要体现在两个方面:

一是政府会直接干预或监督社会组织的运营,倘若社会组织危害公众利益,政府必须介入调查并进行处理。

二是政府可通过政策、法律等形式,以修改"游戏规则"的手段来改变社会组织的外部环境,从而对社会组织产生巨大的间接影响,这正是政府作为企业的核心利益相关者重要价值的体现。

三、强公信力者角色

政府的强公信力反映了公众对政府行为的信任,实质上体现了政府的信用能力。对于危机中的社会组织而言,一个具有良好形象的政府是社会组织寻求合作与支持的伙伴。通过与政府机构积极沟通,争取政府的理解与同情,借助政府对于公众的公信力发布相关信息,通过政府的态度与立场来引导舆论对社会组织具有重大意义。此时,社会组织要拉近与不同利益相关群体之间的心理距离,实现与社会公众、政府之间的高效对话。

在危机事件处理过程中,社会组织如若处理不好和政府这一利益相关者的关系,必然会进一步引发政府关系危机,即由社会组织与当地政府及职能部门之间关系恶化而引发的危机。此类危机一旦出现,还会被传媒曝光,从而引发出其他的危机。引发政府关系危机的原因主要是社会组织经营活动中的违法行为和违规行为。例如,截至 2021 年 11 月 10 日,2021 年石家庄市民政局共对社会组织做出行政处罚 20 起,其中社会团体 20 起。这 20 家社会组织均因不按时参加年度检查而受到行政处罚(警告 17 起,撤销登记 3 起):石家庄市农业标准化协会、石家庄市唐山商会等因未按规定接受 2019 年年度检查的行为被处以警告的行政处罚,列入活动异常名录；石家庄市表面处理行业协会、石家庄市科技日语学会、石家庄市铸造协会因未按规定接受2018年、2019年年度检查行为被处以撤销登记的行政处罚，列入严重违法失信名单。据统计，石家庄市社会组织常见的行政违法行为有：（1）是否按时按规定参加年度检查；（2）是否违规设立分支机构、代表机构；（3）是否及时对法定代表人、住所等事项办理变更登记；（4）是否超出章程规定的宗旨和业务进行活动；（5）是否依法开展慈善募捐；（6）财务管理是否规范，是否存在违规收费等；（7）是否存在违法评比达标表彰等①。

现实中社会组织危机与政府危机并不是绝对分离的，很多情况下它们之间相互影响，甚至相互转化。例如，在社会组织危机之中，公众很容易迁怒于政府，认为政府的监管乏力对此具有不可推卸的责任，在此状态下，政府的公信力下降，美誉度受损，严重的会导致政府的信任危机。在社会组织出现危机后，政府会审查、批准，甚至直接决定社会组织的命运。对于处于危机中的社会组织，尽管政府会按照相应的制度和规定进行处理，但地方政府却会权衡社会各方利益的影响，若影响面较小，则对社会组织进行处罚；若牵扯面较广，直接涉及多个相关群体的利益，则直接撤销登记。因此，社会组织所开展的活动应该尽量符合地方政府的意愿和发展战略，准确把握相关政策，否则，政策把握的失当导致社会组织发生危机的事件不胜枚举，社会组织要妥善处理与政府的关系。

第三节　社会组织危机中的政府公关

政府与社会组织在地位上存在天然的不对等，这体现在：在权力方面，政府掌握着对公共产品进行分配的权力，是提供公共服务的天然主

---

① 资料来源：中国社会组织政务服务平台.

体;在资源方面,政府掌握着财政这一核心资源,对公共物品的分配、调控拥有绝对的控制权[①]。危机处理过程中,社会组织如何处理与政府的关系? 社会组织与政府的关系如何,影响社会组织的营销战略与绩效,这使得社会组织需要建立与政府部门之间的关系来获得政府的支持,降低不确定性。那么,社会组织该如何建立并保持与政府的关系? 不同类型的社会组织在处理与政府关系时有何差异,其差异的原因是什么?

一、正确理解政府公关

"政府公关"一直以来容易让人产生不好的联想,常与"拉关系""行贿"等词汇联系起来,过于亲密的关系会被外界认为是一种"灰色行为",这是一种错误的认识。格鲁尼格教授认为,公共关系是一个组织与其相关公众之间的传播管理,据此定义,社会组织的政府公关是企业组织与政府间建立有效的沟通,争取他们对自己了解、理解、信任、合作与支持的一种管理职能。与政府间的公共关系强调的是企业与政府的良好沟通,而非各种以金钱为基础的交易。

政府的影响权、控制权和支配权也会在一定程度上影响社会组织活动的开展。其他利益相关者的态度、意见和偏好,在相当程度上是受这些权力的影响的。做好政府公关,是社会组织获取特殊资源不可或缺的一环,与其他组织相同,社会组织同样是政府部门重点监管的对象。接受政府的政策宏观调控和监督管理是社会组织义不容辞的社会责任,因此,社会组织应认真执行相关政策法规,主动接受政府部门监管,积极承担社会责任,并在危机中处理好与政府(包括当地政府、工业部门、税务部门以及国有银行等)的关系。著名市场营销学大师菲利浦·科特勒提出的 6P 营销,其中的一个 P 是权力(Power),指企业组织怎样与中国政府和当地的

---

① 罗艳,刘杰.政府主导型嵌入:政府与社会组织的互动关系转变研究——基于 H 市信息化居家养老服务项目的经验分析[J].中国行政管理,2019(07):36-41.

各级政府机关、行业协会打交道,通过政治途径为自己寻求良好的生存发展环境,这一营销思想可以被社会组织所借鉴。当组织面临危机时,权力营销可演变为如何做好政府公关工作,借助政府去化解危机。

二、积极进行政府沟通

危机处理中,积极与政府沟通,让政府机构第一时间知晓社会组织的动向,并主动向政府了解相关信息,形成良性互动是化解危机的重要手段。

(一)面向政府进行情感互动

朱迪恩·坦德勒认为,政府与社会组织并非是天然的姻亲,二者更似一对彼此角逐的对手[1]。以民间环保组织为例,在同地方政府等利益主体互动时,往往具有情绪化或对抗性色彩,很多环保组织一度被视为"烦恼的制造者",通常将矛头直接指向环境污染企业或当地政府,以期通过揭露政府或企业的行为,进而引起社会公众的关注和同情,实现自身行动目标。因此,在危机处理过程中,社会组织必须在行动定位和情感上拉近与地方政府的距离,促进二者间的良性互动。以绿色潇湘为例,这一民间环保组织为推动邯郸港生活污水排污口排污改造,持续监督两年多,并进行线下举报,但得不到相关政府部门的任何回应,在面临"获得相应的活动空间,实现自身行动目标"的业务危机之时,该组织采取"闹大"措施,志愿者通过在微博上发布一封邀请函——"邯郸港"的邀请函,邀请当地政府官员在 2013 年 12 月 12 日去邯郸港查看该排污口的排污现状,这封邀请函随即引起热议,"因为这是当前第一次邀请政府官员去排污现场进行查看,所以网民们都很感兴趣,他们都想知道政府会如何去应对",12 月 12日,即邀请函上所提及邀请政府官员到现场的约定日,尽管志愿者所邀请

<hr>

① 转引自:杨晓光,丛玉飞.低碳经济下我国草根环境 NGO 与政府协同关系构建[J].当代经济研究,2010(11):52-55.

的相关领导没有在排污口露面,但该事件当天得到自媒体、官方媒体的报道,从而使问题得到了省级政府的关注和解决。在"闹大"过程中,绿色潇湘明确目的并非只是推动某一具体环境问题的解决或为了获取具体利益补偿的短暂性行动,而是为了获取相应的社会和政治资源,以获取与当地政府部门建立持续有效合作的行动。因此,该组织主动强调与地方政府的关系融合,并打造新标签,强调"我们是站在政府的对面而非对立面,我们的一切行动都是以协助政府部门对当地环境问题的改善为目标,而不是政府部门的麻烦制造者"[①]。通过高度重视与地方政府关系的融合,共情突破地方政府的心理防线,让"我"变成了"我们",打造了一种政治意义上的"共同体",也为该组织赢得了行动空间和发展资源。[②]

(二)面向政府寻求行政帮助

当社会组织在内部治理方面出现重大纠纷矛盾时,如若依照内部纠纷解决机制无法自行化解,必要时可主动向业务主管部门或登记主管部门寻求帮助,请求指导化解矛盾。如果内部纠纷矛盾可能涉及违法违规甚至涉嫌犯罪的行为,则需要通过司法途径依法解决,或者通过行政管理部门的行政执法手段予以解决。例如,在前文提及的北京西餐业协会行政执法案例中,北京市民政局除了对协会内部整改提出明确要求之外,还责令该行业协会撤换主要负责人、秘书长,从社会组织内部治理危机的角度来看,这一危机的解决途径是通过登记管理机关北京市民政局依法开展行政执法工作来实现,这为解决社会团体的内部治理纠纷矛盾提供了一种方法和思路。

---

① 曹海林,王园妮."闹大"与"柔化":民间环保组织的行动策略——以绿色潇湘为例[J].河海大学学报(哲学社会科学版),2018,20(03):31-37.
② 陈涛,郭雪萍.共情式营销与专业化嵌入——民间环保组织重构多元关系的实践策略[J].中国行政管理,2021(02):59-67.

（三）面向政府营造新闻影响

社会组织还可以借助新闻媒介来影响政府部门，使组织与政府的关系更加融洽。根据善达舆情"基金会舆情风云榜"周报显示，2020 年 11 月 20 日，中国青少年发展基金会整体声量达到 3343 篇，位于榜首，主要声量来源于"按照中国青少年发展基金会官网的捐赠标准，全国中小学课本及教学用书、大中专教材、业余教育课本及教学用书等教材若循环使用一年，节约费用可援建约 4 万所希望小学"；而位于榜眼的是中国扶贫基金会，整体声量达到 3142 篇，主要声量来源于"11 月 13 日，亚马逊中国今日宣布携手中国扶贫基金会，向甘肃省礼县和黑龙江省桦川县的 4000 名学生捐赠价值共计 80 万元"；而腾讯公益慈善基金会则位列企业基金会舆情榜首，整体声量达到 545 篇，主要声量来源于"2020 年中国新媒体大会'新平台的社会责任'分论坛"，"2020 中国新媒体扶贫十大优秀案例"揭晓，腾讯公益慈善基金会执行秘书长窦瑞刚出席论坛"[①]。

追踪发现，善于营造新闻影响的社会组织，在获得政府资源方面，往往更容易获得政府支持，位于"基金会舆情风云榜"的社会组织，与政府互动较为频繁，获得政府支持力度也较大，如中国扶贫基金会与腾讯公益慈善基金会联合发起的"活水计划——乡村振兴重点帮扶县基层社会组织赋能行动启动仪式"2022 年 4 月 8 日在北京举行，该项目获得国家乡村振兴局指导，国家乡村振兴局副局长、民政部慈善事业促进和社会工作司副司长、国家乡村振兴局社会帮扶司副司长等政府部门和企业代表参加了启动仪式，得到官方渠道的大力支持[②]。

---

① 数据来源：单篇报道量 1300＋，助这家基金会再登榜首.善达网，2020-11-21.

② 中国扶贫基金会、腾讯公益慈善基金会启动"活水计划——乡村振兴重点帮扶县基层社会组织赋能行动".中国社会组织网，2022-04-11.

三、主动跟进政府政策

社会组织的生存与发展必须与宏观的政治、法律、经济政策相适应，关心政府各项政策的颁布或变动，保持对宏观环境的敏感性对社会组织意义重大。

首先，宏观环境的变动尤其是政策调整有可能给社会组织带来毁灭性打击，也有可能为社会组织带来前所未有的发展契机，无论是哪一种情况，社会组织都必须密切关注政策的变动，以趋利避害。社会组织要了解各级政府的职能、权力及工作程序，与政府部门建立正常的联系方式。例如，各省市基本都出台了社会组织申请和审批的主管部门与程序、运营规则、所承担的法律责任。社会组织要随时搜集政府部门下达的各种法规和文件，并密切关注新闻媒介动态，尽可能根据政策法律的变化调整本组织的运营活动。

其次，从危机管理的角度来看，关心各项政策的颁布或变动，是社会组织危机监控的重要内容之一，有利于组织及早发现外部环境变动引起的危机，将危机扼杀在萌芽中。

最后，社会组织要解决问题，要赢得政府的理解与支持，就要树立以支持政府工作为己任的观念，慎重地处理与政府的关系，可以批评和监督政府，但两者应当是友好合作的关系，而不是相互对抗或相互取代，社会组织应以适当的方式参与政治活动，在活动中要遵守非政治性原则，特别是致力于那些政府没有能力或没有意愿顾及的领域①。关心政策变革，积极协助政府政策的落实，以主动的姿态为政府分忧，有助于保持良好的政府关系，获得有利的外部环境。例如，为响应国家教育部、民政部的号召，缓解连锁经营企业存在的人才缺口大、招工难等现实状况，中国连锁经营

---

① 郁建兴，沈永东.调适性合作：十八大以来中国政府与社会组织关系的策略性变革[J].政治学研究，2017(03)：34-41.

协会于 2022 年 4 月面向会员企业发布《关于举办教育部"24365 校园招聘服务"连锁经营行业专项人才对接会的通知》，动员会员企业参加连锁行业线上人才对接会，同时，在全国普通高校毕业生商贸服务与生活消费行业就业创业指导委员会的支持下，协会与厦门大学、江南大学等单位通力合作，向百余所本科类、高职类院校发布活动信息，积极动员商科类应届毕业生参与招聘活动，成功搭建起会员企业与相关院校对接的桥梁，为化解人才供需结构性矛盾，把连锁经营业打造成高就业行业，提出行业协会解决方案。中国连锁经营协会这一举措，是落实国务院关于新冠疫情下"稳就业""保就业"政策措施的具体体现，不仅极大支持政府工作，也密切了社会组织与政府的关系，获得政府相关部门如教育部高校学生司、教育部学生服务与素质发展中心及民政部社会组织服务中心的指导支持。①

需要注意的是，社会组织没有政府支持无疑不能良好发展，但是政府不应完全充当主导角色，应该以一个支持者、监督者的角色出现，实现与社会组织的互利互助，给社会组织更广阔的发展空间和更多的发展机会。

---

① 稳就业、保就业中国连锁经营协会在行动.中国社会组织动态,2022-04-27.

第五章

媒体沟通：基于外部利益相关者的社会组织危机管理

>>>

媒体作为社会组织危机管理的主要合作对象之一，在危机状态下，发挥着极其重要的作用，承担着多重任务。危机管理组织从控制社会秩序、防治危机升级和不必要的恐慌等实际出发，当然要有目的、有选择地控制信息源和信息传播渠道，这就涉及妥善利用新闻媒体力量的问题。

第一节　媒体对社会组织危机的挑战

一、媒体的社会功能

媒体是交流传播信息的介质，常被视作组织宣传的载体或平台，只有充分认识各种媒体对社会组织危机处理的特性和重要性，组织才能在危机状态下根据危机传播的情境与目标受众选择正确的渠道传播信息。20世纪20年代，美国著名新闻工作者李普曼在《舆论学》中指出，现代报刊等新闻媒体乃是人们接触超越视野以外环境的主要工具，媒体的种种信息成为人们了解外部世界的主要渠道。当前，随着传播媒介逐渐多元化的发展，特别是互联网成为新传播媒体后，信息传播媒介呈现覆盖率高、传播信息量大、影响面广、冲击力强等特点,其结构和功能发生了很大的变化,人的行为在一定程度上不再是对客观环境及其变化的反应,而是媒体所提示的"拟态环境"。"拟态环境"并不是现实环境的"复制"与完整的还原,而是通过媒介对信息的选择、加工、重构后向人们呈现的信息环境,社会中不同组织、群体以及个体成员,对于任何一个相同的社会问题的感受都是不尽相同的,导致其所接触的"拟态环境"不尽相同。特别是5G时代,传播环境、媒介形式的深刻变化,也使得社会组织也面临更加复杂的挑战,其各项活动全程置于社会公众视线范围内,一旦出现疏忽,就可能招致公众质疑。公众的质疑主要来自几个方面:

一是对社会组织项目的合法性、正当性产生疑问,一般由社会组织项目运作方式方法失当、使用标识不当、社会效果不佳等引起。

二是对社会组织的诚信度产生不信任情绪,引发原因主要有:(1)社会组织在网络平台公布、公示的信息叙述不当、数据错误等;(2)社会组织相关负责人在会议、论坛、报刊文章中发表的探讨性言论、个人观点不当;(3)因社会组织的工作人员或与该组织有弱关系的组织外人员个人不当行为引发公众对该组织的否定性评价,即"城门失火,殃及池鱼"①。

上述质疑如不能及时予以澄清说明,很可能会在短时间内造成舆情蔓延,将涉事社会组织推向网络舆论风口浪尖,对本组织甚至整个行业的社会形象造成不可挽回的影响。而媒体的重要职责是向公众披露危机,报道记录各种有关公众利益的决策和事件,因此,公众舆论和危机管理不可避免地联系在一起,社会组织如何在危机时利用大众媒体将组织意图传达给公众,影响公众对危机事件的理解,都需要社会组织在危机决策和常态决策中完成通过沟通与信息交流,维持与媒体、公众间的信任关系。

二、危机时的媒体沟通准备

在危机应对过程中,危机主体需要把握和利用电视、广播、报纸、杂

---

① 董关鹏.社会组织新闻发言人工作指南[M].北京:中国社会出版社,2020:15.

志、互联网等多种媒体的特性,对各种可能的危机沟通和信息发布渠道进行整合。在面对媒体进行危机沟通之前,社会组织必须思考以下三方面问题。

(一)危机对利益相关者可能产生什么影响

社会组织必须明确危机的性质,如第三章所述,社会组织还要准确识别危机利益相关者,了解危机中谁是核心利益相关者,以及危机可能会对不同的利益相关者产生哪些不同的影响,弄清楚"危机真相是什么""哪些利益相关者在危机中受到了何种程度和类别的伤害"等系列问题的答案,甚至需要熟悉已经或正在滋生的与危机相关的各种谣言和不实信息,以及这些谣言和不实信息出现的原因和可能的影响。

只有准确回答以上问题,社会组织才能选择合适的沟通视角,拟订有效的媒体沟通策略,采取恰当的沟通方式与媒体和记者进行沟通,从而保证危机沟通的效果。

(二)为降低潜在类似危机采取了哪些措施

危机发生后,为降低潜在类似危机重现,社会组织已有或采取了哪些措施?这是所有危机沟通者不可回避的并必须尽快与利益相关者进行沟通和说明的一个问题。只有相信危机主体已经知错了,利益相关者才可能接受危机主体的道歉和相关改正措施。在危机新闻发布会现场,绝大多数媒体最为关注的,就是危机主体是否已经知晓了诱发危机的原因,并进行了相应的修正,以确保类似的危机不再发生。

显然,在没有弄清楚危机诱因之前,是无法找到危机相关问题的症结并进行有效修正的,也就无法确保同样的危机在未来不会重现。换言之,在没有能够采取有效修正措施以减少甚至杜绝潜在类似危机诱因的情况下,任何试图恢复社会组织运营的理由都是不可取的,都可能会导致利益相关者对相关决策的伦理价值观的质疑,甚至可能会诱发一系列新的更为严重的利益相关者信任危机。

(三)如何展示组织应对危机的高度责任感

要想尽快实现对危机局势的有效掌控,社会组织必须让所有利益相关者群体深切感受到应对危机策略和行动的高度责任感。只有真切感受到这种责任感,核心沟通对象才有可能会被打动和安心,危机的演变和发展过程也才有可能得到有效的控制。

危机一旦发生,所有利益相关者都期待社会组织能够拿出切实有效的危机管理方案和行动,此时社会组织所面对的绝不只是媒体,而是媒体背后的所有的危机利益相关者。因此,在与媒体进行危机沟通之前,社会组织如果不能认真思考并准确回答以上三方面问题,则很有可能导致危机沟通失败和危机情境失控。

三、危机时的媒体沟通态度

在危机中,组织往往"惧怕"媒体,当还没有想好答案时,组织危机处理人员觉得记者狂轰滥炸式的提问是一种威胁,因此不愿与媒体沟通,常以"无可奉告"相对,他们认为,一旦在回答问题时出错,就会受到公众或相关利益群体的批评,担心在混乱的状态下情绪当众失控。当危机主体拒绝与媒体沟通时,实际上有效地堵住了信息流,"无可奉告"的态度往往导致受众持怀疑态度,认为该组织面对危机"连谈都不愿意谈,其中必定有鬼!"就媒体而言,其所考虑和关注的,除了新闻,还是新闻。因此,危机主体没有必要对媒体采取躲避沟通,甚至将媒体置于对立面的做法。面对危机时,社会组织与媒体沟通的态度要秉承以下原则:

(一)及时承认错误

在危机发生时,社会组织认错并表达歉意的时间越早,承担责任的覆盖面与利益相关者的心理预期就越接近,危机管理效果就会越好,对整个危机演变过程的掌控能力越强。相反,通过谎言掩盖危机真相而赢得时间的背后,是越来越狭窄的危机应对空间:一方面,在这段时间里,社会组织会承受着巨大的伦理和心理压力,很容易导致危机应对失措,而谎言越多,被发现的机会也就更多;另一方面,危机真相随时可能被第三方披露,而这无疑会使社会组织陷入极大被动,导致整个危机情势急转直下。

案例"春蕾计划"儿童公益项目陷入"诈捐"争议①

2019 年 12 月 17 日,中国儿童少年基金会"春蕾计划"儿童公益项目陷入"诈捐"争议。有网友在微博、豆瓣等自媒体发布质疑,称"春蕾计划"受资助者中不仅是只有女童,"有不小比例为男生",且指出被捐助的学校"会议室竟然有皮沙发"。针对网友对于"春蕾计划"资助对象性别和资助学校资格等方面的质疑,中国儿童少年基金会官方微博发布声明。

在与媒体沟通之初,及时认错和承担责任无疑是一种有胆有识的危机管理行为,可为社会组织赢得危机应对的时间和空间,在"诈捐"舆情发生五个小时后,中国儿童少年基金会第一时间发布声明,危机应对的态度积极。

采取防御的或封闭的态度,很容易造成与媒体的敌对并产生社会组织的信用危机,因此,社会组织要采取前瞻的或开放的态度,主动提供信息并与大众媒体建立良好的关系。因此,危机主体一旦确定自己有错,就需要尽快认错并承担相应的责任,坦诚面对核心沟通对象,承认危机中的错误并承担相应的责任,这无疑是社会组织应对危机的最为有效的办法。

(二)勇于承担责任

社会组织或多或少,或大或小都需要对引发危机的错误承担责任,引发危机的错误有些是直接的,如有瑕疵的服务,以及在错误的时间或错误

---

① 案例资料来源:(1)"春蕾计划"被指诈捐,官方回应.观察者网,2019-12-17;(2)针对女童"春蕾计划"被曝资助男童,帮扶对象竟有 19 岁男生.纵相新闻,2019-12-18.

的地点的一句话、一个动作等。有些错误是间接的，如危机管理理念的错位、危机预防体系的漏洞、危机管理预案的缺失等。在直面这些错误时，危机沟通的决定性关键点是：拒绝相关群体对错误的指责，寻找替罪羊以掩盖危机真相，还是直面危机现实而承认错误？只有在危机沟通中拿出百分之百的诚意，实事求是地认错并积极承担责任，确保调查过程的严谨性、结果处置的科学性和对错误修正的合理性，才能获得利益相关者的认可。相反，如果在危机沟通过程中拒绝认错，或者故意模糊处理利益相关者所关注的焦点，甚至挖空心思地寻找替罪羊以转移利益相关者的注意力，试图逃避自己在危机中的错误和责任，其结果只能是使危机情境进一步恶化，最终演变成为更严重也更难以应对的信任和声誉危机。

在与媒体的危机沟通过程中，社会组织要了解认错和承担责任的底线是什么，避免因遮遮掩掩而让利益相关者觉得有敷衍了事的嫌疑，引发或加剧社会组织与利益相关者之间的信任危机。例如，在《关于网友质疑"春蕾一帮一组学"众筹项目资助对象的回复》的回应声明中，中国儿童少年基金会并没有极力辩解：

首先，致歉并解释贫困地区学校有皮沙发属于教学设施的改善；

接着，承认确实资助了男童，理由是该校符合资助条件的女生已经全部纳入项目资助范围，而部分男生家庭非常困难且学习愿望强烈；

最后表明，未来将始终以女生作为资助对象，如确有需要资助男生的情况，会在筹款文案中特别提示。

该声明也得到了《人民日报》、澎湃新闻等媒体的转载，并澄清"春蕾计划"不构成诈捐。承担责任比继续辩解更利于平息风波，越是抵制和阻碍利益相关者对危机主体价值观的检验，对危机主体信任和声誉的伤害就会越大，未来重建信任和修复声誉的时间也就会越长，难度也就会越高。

（三）呵护利益相关者情感

危机沟通中的所有诡辩，只会火上浇油、激化矛盾和制造冲突，只会使得已深陷危机情境的危机主体雪上加霜,甚至会导致整个危机演变过程完全失控,进一步扩大危机波及的范围,给危机主体带来更多的负面影响和更大的损害。例如,在中国儿童少年基金会"诈捐"舆情危机中,利益相关群体的愤怒来源于感到被欺骗"用女童的悲惨照片把姐姐们骗进来,然后钱拿去资助男童,不分性别的资助项目那么多,还偏就要在这么仅有的几个专用女童的项目上动手脚,真是令人生气!"可见,"春蕾计划"的错不在于资助了男童,归因是没有专款专用,伤害了捐助人的情感,因此,其发布的声明虽然承认了确实资助了男童,澄清了受助对象范围的变更,转移了公众注意力,回避了公众最关心的问题,但并没有做到呵护公众情感,完全消除公众的疑虑和不安,针对"'春蕾计划'到底还是不是只针对女童的专项计划""怎么保证专款专用""公众如何监督善款的流向"等问题没有进一步告知。特别是危机发生两日后,项目工作人员在接受《新京报》采访时解释此事为募捐文案不够严谨造成误解,"春蕾一帮一助学"是兼顾男女生的项目,该解释不仅没有受到公众的认可,反而引发了次生舆论。

在危机过程中,媒体时刻关注着危机主体的一言一行、危机管理态度及其在危机管理过程中的价值观和立场。体现对利益相关者的尊重是危机沟通的重点,社会组织在媒体沟通过程中绝不可以逃避,不可以托词,更不能欺骗或歪曲事实,必须以足够真诚、专业、准确和可信的态度进行应对。换言之,社会组织特别是管理者必须具备以媒体沟通能力为主的危机管理能力。

第二节　社会组织的危机发言人策略

第三章提及,危机管理团队建设应是社会组织的一项日常议程,在危机恢复过程中,可根据组织规模和实际需要,组建危机管理小组的子团队,包括问题管理小组、危机应对小组和危机沟通小组等。在团队中,社会组织要立即指定发言人代表组织对媒体发言,这些发言人即危机发言人,也叫危机新闻发言人。

在危机的应对和处理过程中,危机发言人是社会组织取得危机应对成功的关键。由于媒体报道内容的特殊性和信息传播带来的巨大社会扩散效果,社会组织有必要与媒体进行深入的沟通、协调和合作,形成两者之间的良性互动。而要实现这一目标,危机发言人的作用自然不可轻视。一个优秀的发言人可以在危机的关键时刻力挽狂澜,使组织安然度过危机而不使形象受到损伤;而一个不称职的发言人则可能仅仅由于其个人的一些不当言论和态度而致使危机升级、扩散,使社会组织陷入更大的危机。

一、危机发言人定位

在危机应对与处理过程中,任何一个微小疏忽都可能引发媒体共振效应,因而社会组织的危机发言人必须是一个多面手,至少扮演以下三重角色:

(一)危机信息发布者

危机发言人受社会组织委托对外发布信息,特别是当组织发生重大危机事件、处于公众关注的焦点时刻,危机发言人更要发挥其特殊功能,发布正确而权威的关键信息,迅速实现有效沟通。这意味着媒体在报道社会组织危机新闻时可以享有积极的信息渠道,危机的信源由消极变为积极。

(二)危机新闻第一定义者

危机发言人通常能成为社会组织新闻的第一定义者,尤其是在危机突发事件中。但要做到这一点,其先决条件是新闻发言人必须主动出击,占得引导舆论的先机。很多情况下,危机之所以愈演愈烈,是因为组织危机发言人没有在第一时间站出来面对媒体和公众,即没有在第一时间"定义"新闻,从而任由媒体抓住小道消息大张旗鼓地报道。

(三)媒体双赢运作者

媒体既是化解危机的有力武器,同时也是引发、扩散和恶化危机的"造反派"。既然无可避免,不如勇敢面对。社会组织的危机新闻发言人可以借助媒体广泛传播声音,在危机中引导正确的媒体舆论,挽回组织形象;媒体可以获得有价值的新闻,满足公众对危机的知情权。

二、选择专人担纲危机发言人

危机中,社会组织的主要信息源是谁? 在媒体沟通过程中,社会组织需选择专人担纲危机发言人,否则,就很容易让利益相关者认为发言人不能代表危机主体,不能当场进行必要的危机决策,甚至会产生不尊重沟通对象和利益相关者的误解。

组织应该事前明确,一旦发生意外,谁将代表组织发言。此人在组织起草危机沟通计划之前,应先出席有关危机管理的研讨会和通气会。同样重要的是:当主要发言人在度假、生病或不能在场时,谁是第二位发言人?因为媒体没有耐心等上几个小时直到发言人从另外一个地方返回事故现场。

三、选择称职的危机发言人

(一)反应当机立断

称职的危机发言人应对危机时要能当机立断,切入重点。危机一旦发生,所有的核心沟通对象和绝大多数危机利益相关者都期待危机主体能够当机立断,进行符合社会责任的具有专业水准的危机应对行动。因此,社会组织危机立场信息发布只有极为短暂的时间,危机发言人要当机立断,在短时间内说明危机事件的重点。

如果在危机沟通过程中,危机发言人拖泥带水,支支吾吾,顾左右而言他,危机利益相关者的注意力就会被瞬息万变的危机演变和发展过程所分散,或者被一些与危机主体本意完全不同的甚至是失实的解读所吸引,甚至认为危机主体正在试图抵赖或者想要隐藏危机真相中的关键信息。

(二)语言平和准确

称职的危机发言人要以平和而又准确的语言发布危机相关信息。从表面上看,危机发言人的主要工作就是代表危机主体说话。但是,会说话并不意味着会发言,尤其是在危机情境之下,危机发言人的选择是否合适攸关媒体沟通的成败。对称职的危机发言人而言,不但需要主动与核心利益相关者保持不间断的沟通和联系,清楚知道如何应对媒体记者的问题,能够对危机应对过程及可能的结果进行扼要说明,以满足利益相关者了解危机真相的迫切需求,确保危机真相信息能够迅速而又准确地得到发布和传播,确保从其口中所说出的每一句话和每一个信息都是真实的,是有理有据的,是对危机管理过程最为有利的,而且还需要接受来自包括媒体记者在内的所有危机利益相关者的质询,以平和、准确的语言来表达危机主体的立场和态度,充分展示本组织的伦理价值观和社会责任感。

如果危机发言人能拿出令人信服的数据,善用图形,以平和的语气和准确的语言发布危机真相的相关信息,往往可以事半功倍,收获危机沟通的奇效。

(三)严守价值观底线

认为危机管理就是"摆平事情"的认知显然是错误的,在这种错误的危机管理认知下,一些社会组织不惜一切代价与一些无良的新闻媒体、记者或网站相勾结,试图通过阻拦危机相关信息的发布和传递来进行危机管理。殊不知,这种策略和行为不但不能减轻危机负面影响和损害,反而会让危机情境持续恶化,甚至诱发新的更难以应对的危机。

危机相关信息的发布是一项极具挑战性的工作,其信息发布时的立场和目标都会着眼于广泛的社会伦理价值观,在合适的时间和地点,由合适的人以合适的方式适当发布危机真相相关信息,使大多数利益相关者与危机主体之间产生心灵上的共鸣。能严守社会责任与伦理价值观底线的危机发言人,只要心中永远想着所有的利益相关者,即使在言辞之间有一点不够恰当,结果也不至于太糟糕。在第二次世界大战诺曼底登陆期间,盟军最高统帅德怀特・戴维・艾森豪威尔得知盟军伤亡远低于其预估的七成时,不由自主地大为欣慰而喜形于色。然而,在一番沾沾自喜的言论后,他很快就觉察出不妥,毕竟在这一行动中也有数十万盟军官兵付出了生命的代价,于是,他随即加上了一句,"哪怕是百分之一的伤亡,对家属而言,也都是百分之百。"显然,任何时刻的危机新闻发言,都需要兼顾利益相关者的感受,只有满足了伦理价值和社会责任的要求,才有可能使危机利益相关者,尤其是直接受到伤害和负面影响的利益相关者的情绪恢复平静,为危机管理过程争取到宝贵的时间和空间资源。

(四)具备专业素质

危机发言人作为社会组织的"门户",其专业素质影响着媒体与公众对其所代表的社会组织的看法,因而发言人在危机管理中发挥着重要的信息枢纽作用。但纵观目前众多社会组织发言人的危机媒体沟通行为,可以发现,相当一部分社会组织发言人应对危机的专业素质仍有待提高。在危机的对外沟通过程中,一些临时发言人在接受媒体采访时,并不能用相关管理条例或法律法规对社会组织的危机事件进行解释,甚至以沉默示人,这些举动无一不显得缺乏专业素质。

第三节　社会组织危机的媒体沟通策略

一、媒体关系管理策略

（一）争取话语权

社会组织在开展危机管理工作时尤其要把握大众媒体在危机中的挑战者逻辑，加强对危机话语权的争夺力度。具体的应对策略主要有以下几个：

第一，尽量避免与大众媒体形成正面冲突。媒体在危机中往往代表社会公共利益和主流价值，往往是"强势意见"的代表和舆论的重点导向。无论是政府机构还是社会组织，作为危机管理的主体一定要避免与媒体发生冲突，从无数失败的危机管理案例中不难看出，与媒体为敌无异于自毁前程。美国危机管理专家罗伯特·希思说："任何指控媒体有报道倾向或公报私仇的行为都会促使媒体团结一致，捍卫整体'利益'。"即使媒体报道有误，在证据不确凿的情况下，社会组织也不宜立即采取强硬措施与媒体对簿公堂。这是因为，一方面，法律诉讼漫长艰辛，容易使组织陷入赢官司失活力的危机深渊；另一方面，在法律诉讼结果尚未明朗之时，社会组织如采取强硬措施，易激起媒体"集体控诉"。以 2014 年壹基金"贪污 3 亿"危机为例，2014 年 4 月 20 日，雅安地震一周年之际，"基金会中心网"简要发布了国内共 219 家基金会的地震募款情况，其中包括壹基金筹款 3.85 亿元、拨付款物 4701 万元的信息。2014 年 4 月 22 日，"四月网"微博援引这一数据，指责壹基金"贪污 3 亿"，发问："我们的捐款去哪了？"就被质疑"贪污 3 亿"雅安地震捐款一事，壹基金向"四月网"发出律师函，要求对方在原传播范围内澄清事实、赔礼道歉、消除影响。壹基金委托律师在律师函中表示，"四月网"微博用疑问方式和煽情语言指责："×××贪污雅安地震捐款 3 个亿"，随后通过"壹基金"接受 4 亿捐款仅拨付 9%

的计算,得出貌似有理的"贪污3亿"的结论,把矛头直接指向这家著名的公益机构,然而,这种攻击性言论没有任何事实根据,纯属诽谤。壹基金委托律师在律师函中强调,如"四月网"未能满足其要求,将向法院提起诉讼。尽管接到律师函后,"四月网"微博账号删除了有"贪污"措辞的原微博,但一些知名律师、学者及媒体质疑仍然质疑壹基金对雅安地震善款的处置,如质疑内容不单询问剩余的3亿元善款滞后拨付是否合法,还询问这些资金是如何保值的,且利息又是如何处理的。① 这些负面舆论给壹基金造成的损失显然是一场律师函的胜利所无法弥补的。

第二,及时并以新闻媒体框架为基础发布信息。之所以要及时发布信息,是要保证社会组织成为媒介的主要信息源,避免危机发生时媒体得不到来自社会组织的信息而使各种不利于组织的信息或谣言扩散。及时准确地向媒体发布信息,让组织自身成为媒体的信息源,能避免媒体主观故意或客观失误造成的报道偏差,及早澄清事实,有效地引导舆论,并通过传播大众需要的信息,排除大众由于信息不对称而产生的恐惧心理。因此,对社会组织而言,依据媒体框架解答关键问题可以减轻媒体的工作压力,无端猜测和以偏概全的现象也会相应减少,依据媒体需求进行危机信息发布内容的设计具有重要意义。

第三,谨慎发表意见。虽然,媒体在形成公众认知效果方面功能强大,但在态度改变和引导行为方面则相对薄弱。因此,社会组织在危机中可把重点放在对具体事实的阐释上,意见的表达可集中于社会组织负责任的态度。

(二)与媒体协作

危机管理主体在危机事件的特殊环境下,必须尽最大力量取得大众媒体的支持和协作。与媒体进行良好的沟通,并保持长久、稳固、广泛的

---

① 案例资料来源:(1)壹基金回应"贪污3亿"质疑[N].中国青年报,2014-4-25;(2)壹基金被质疑"贪污"三亿捐款 要求"四月网"道歉[N].福州晚报,2014-4-25.

联系,无疑有利于社会组织危机管理传播活动地展开。通过建立良好的媒体关系,社会组织不仅可以了解到相关媒体报道的第一手信息和针对组织的负面信息,结合本组织的具体情况提前做好准备,预防危机;还可以在危机出现时凭借良好的媒体关系,保证组织的信息得到较为准确、顺利地发布,及时澄清错误信息,防止一些信息被误读和误传;此外,良好的媒体关系还有利于社会组织利用媒体为企业做中立或正面报道,为危机管理打造相对宽松的媒体舆论环境。

社会组织与媒体的常规、表层合作方式主要有:定期向重要媒体的记者和编辑提供本组织或本行业的相关资料。这是社会组织与媒体建立长久、稳固、良好关系的必要条件而非充分条件。也就是说,企业要想与媒体建立和谐的关系,必须长期坚持这一点。但是,仅仅做到这一点是远远不够的。因此,社会组织还需打破与媒体间单纯的信息提供者与信息发布者的关系,与媒体开展深层次的合作,建立一种平等互惠、相互支持的关系,如社会组织的重要领导人会接受媒体采访;与重要媒体建立业务关系,共同举办赞助、研讨会等活动;经常安排非正式会议与重要媒体记者和编辑认识、沟通等。

(三)分化管理媒体

企业与媒体达成良好沟通的一个重要条件是熟悉媒体的内部工作及运营规范,然后针对各媒体不同的新闻需求、工作流程、运营特点等进行有效区分,有计划性、有针对性地开展公共关系危机管理工作。

首先,社会组织可以分化媒体阵营,根据媒体危机议题所反映的支持或反对倾向划分媒体,开展有针对性的工作。例如,在危机爆发时召开新闻发布会,由社会组织危机发言人发布统一的危机管理信息;针对电视媒体,可以为其提供危机处理的相关影视资讯;针对报纸媒体,可以配发危机处理相关图片及文字说明;在危机过后的企业形象恢复阶段,有针对性地结合不同栏目的新闻需求,撰写有针对性的社会组织形象宣传稿件并经由不同途径加以发布。

其次，与媒体保持沟通并控制其活动范围。危机期间与媒体保持联系与控制媒体的活动范围并不矛盾。危机中与媒体沟通的形式有很多种，如现场访谈、随机采访、秘密采访、当面采访、新闻发布和媒体会议等。无论采取哪一种形式，都是为了与媒体进行更好的交流，通过提供关键信息，解答重点问题，避免媒体与公众妄做揣测。与此同时，迅速启动新闻发言人机制，加强对危机信息的输入和输出管理。

（四）建立发言人制度

发言人制度的确立是针对社会组织危机管理传播进行制度化管理的重要组织保障，是社会组织面对大媒体环境而逐渐发展起来的一种大沟通观的体现。社会组织发言人对外发布社会组织信息，宣传社会组织形象，让公众了解、认同组织文化理念和运营方略，给不同利益相关者群体以信心支持；对内则连接管理层和员工，及时发布各种信息，做到内部信息上通下达，为社会赢得更广阔的发展空间。社会组织建立了发言人制度，便可以让发言人充分发挥内外信息沟通的桥梁作用，在危机管理中能及时有效地发布各种信息，成为整合社会信息传播的中心枢纽。

发言人作为危机发生时代表社会发布信息的机制，其背后须有一个高效的危机团队做支撑，并以团队为基础形成"分—合—分"的高效危机管理信息传播机制，以有效地配合社会组织开展危机处理。主要表现为：

"分"：团队分工协作。发言人背后是由公关、律师、财务等各方面专家顾问等力量组合而成的高效团队，各团队成员分工协作，多渠道搜集信息，然后整理判断，为随后制订整体危机沟通方案做准备。

"合"：统一信息口径。形成组织内部成员之间包括上下级、平行级，点、线、面、体全方位的危机沟通体系，明确如果本组织发生不同类型的危机，成员知道向谁求助，应当遵从什么程序，以及哪些话可以对哪些人和机构说，哪些话不能说。危机管理团队应当有一个简短统一的答案来回答危机相关问题，如什么人、什么事、在什么地方、什么时候、为什么会发生。

"分"：最佳角色发布。媒体沟通策略必须根据信息内容确定最佳的发言角色,统一发布,使信息的解释更为全面、专业,避免在危机传播过程中出现刻意或无意的误导。

二、危机新闻发布会策略

新闻发布会又称记者招待会,是一个社会组织直接向新闻界发布有关组织信息,解释组织重大事件而举办的活动。新闻发布是组织与媒体沟通的重要形式,尤其在突发事件、危机状态之下,新闻发布会通过提供信息、解答问题的形式有效地引导舆论并进行议题管理。在当前媒介化的社会里,新闻发布会日益受到社会组织的重视,已经成为组织的一种重要的信息传播途径和公关形式,被看作是危机处理信息流扩展的起点。

(一)危机新闻发布会要素

有效的新闻发布会包含四个因素。这些因素包括:

(1)一个关于发布危机新闻的动机和内容大纲,危机新闻的大纲要做到简明、清晰、扼要;

(2)一个表明人们兴趣所在和对于事件给人带来的影响的评论;

(3)一项包含已做的努力,当前在做的工作和将来的计划的言简意赅的陈述;

(4)一项关于如何、何地能获知更详细的消息,何地、何时将举行新闻会议的清楚陈述。

此外,危机前的信息收集和材料汇编应作为社会组织危机恢复计划的一项内容。社会组织应在危机发生前掌握、收集以下背景材料作为危机预防的材料,如果提供背景材料的话,则社会组织新闻发布会的价值更大。危机新闻发布会还需要准备如下材料:

(1)本组织的详情(管理机构、运行日志和运行特点);

(2)处理当前危机(或把情境恢复到正常状态)的危机管理方案;

(3)可获知更多危机信息的地点;

(4)图表、照片等其他材料。

（二）危机新闻发布技巧

1. 坦诚关爱

在危机新闻发布过程中，应以坦诚、务实的态度与媒体沟通，如果组织对危机事件负有一定的责任，应勇于承认过失并真诚地道歉。诚意是沟通的基础，对危机中组织的失误矢口否认，一副高高在上、不可一世的姿态只会令人心生厌恶。关爱是指表达对危机中受到损害的组织与个人的同情与关注，在答问的过程中也表现为对媒体记者的理解与尊重。

2. 尊重事实

尊重事实与坦诚相待紧密相关，所谓尊重事实，就是尽量地以事实为依据作答，任何刻意歪曲事实、否认事实的做法都经不起时间的检验，逃不过公众的眼睛。"一个人的真正面目，首先是他隐藏起来的那一部分"。假以时日，任何危机之中的任何秘密都将会被揭开，危机相关的每一个信息和所有的细节都将会被利益相关者知晓。因此，关于危机真相的问题并不是会不会被公开，而是在什么时候、用什么方式以及由谁来公开。认识到危机真相早晚都会大白于天下，是有效进行危机沟通的基础。在危机沟通过程中，所有挖空心思试图隐匿危机真相的努力都将是徒劳的；相反，危机主体需要赶在危机情境进一步恶化之前，由合适的人，通过合适的渠道，以合适的方式，在合适的时间和地点，果断发布危机真相信息。如此，不但可以掌控危机真相相关信息的发布内容和节奏，把握整个危机情境的演变和发展过程，在最大程度上避免危机情境的恶化，而且可以有效提升危机主体的声誉，帮助危机主体重建在危机中受损的利益相关者信任并修复声誉。

3. 统一口径

危机中信息的高度匮乏会迫使媒体饥不择食，甚至采用一些不准确的信息大肆报道，在处理危机过程中，为了能统一口径，避免谣言、流言的盛行，危机新闻发布会中危机发言人在发布前对主题信息必须有充分的准备与认识,尤其当危机发言人不止一位时,对主要信息的要点及程度的把握都必须统一口径,用"一个声音"说话。此外,社会组织还应注意不要忽视向内部员工及相关人员及时通报事件进展,如此才能确保信息的一致性和连续性。

4.表明权威性

美国学者文森特·科维罗曾指出,权威性在危机传播中对构建组织的公信力非常重要。而且,媒体最需要的是权威机构的信息,这就要求社会组织在召开新闻发布会时要体现权威性或专业水平,从而提高信息可信度,增强公众对组织的信任感。

(三)危机新闻发布会传播策略

一般而言,媒体和代表社会组织的危机发言人会把危机当作争夺的焦点,因为谁拥有了话语权,谁就能控制舆论,获得公众同情和支持。具体来说,社会组织发言人在遭遇危机时运用的传播策略主要有三方面:

1.谁在说

正常状态下,由于没有新的刺激,公众对信息的需求和消费是稳定的。但当危机爆发后,危机事件强烈的破坏性和威胁性会严重影响公众切身利益,自我保护的本能和对事件的好奇促使公众此时比平时更多地搜寻和消费信息。面对这种情形,社会组织的危机发言人要确保自己信息发布权威者的地位,主动引导和控制舆论。

危机发生后,社会组织应立即选派训练有素的发言人面对公众,发布新闻,让媒体和公众了解企业对当前局势的态度和立场,知道组织正在启动应对措施。不少发言人担心,如果在突发事件发生后即刻召开新闻发布不知道该说什么,如危机导致的结果、危机产生的原因都会成为媒体的关注点,而这些问题很难在短时间内得到准确答案。但这些困难并不能成为社会组织不发布消息的借口。其实,在危机事件发生后,各方最关注的是当事方对突发事件的态度是否积极,因此社会组织可以利用表态去填补危机中的"信息真空",再简短的表态也比传言强,危机发言人的表态将对公众心理产生重要影响。

第一时间表态虽然重要,但危机爆发后局面混乱,事态复杂,社会组织危机发言人一时很难搞清事件的确切状况和前因后果。此时,发言人应向媒体承认在危机期间信息是可能发生变化的,让公众知道危机具有不确定性。这并不会降低发言人的权威性,因为"实事求是"是博得公众信赖的基础,发言人的任务是第一时间让媒体和公众获得"截至目前"的信息,以及做出将不断更新信息的承诺。此外,告诉媒体"我们的行动"比纠缠于千头万绪的事件责任要明智得多。

2. 说什么

只要社会组织主动公开信息,危机发言人便在信息披露的内容、程序、方式、时间等方面明显处于强势地位。面对这种严重的信息不对称,新闻媒体也不会甘心俯首称臣,因为发言人不是新闻界唯一的信息来源。媒体可以通过实地调查采访,用亲身的经历、翔实的材料和深度报道来吸引受众,同时对发言人发布的信息提出质疑,进行监督。面对与新闻媒体在话语权上的交锋,如果新闻媒体有不实报道,发言人有权要求其更正声明,澄清事实。此时,谁能发掘事实真相,谁越接近事物的本质,谁就越能取信于民。因此,在危机传播的媒体管理活动中,"说什么"无疑是在话语权博弈中制胜的条件之一。

3. 怎样说

对危机不同的解读和阐释方式决定了不同的话语方式。为了正确引导舆论导向,使其有利于挽救企业的形象或信誉,社会组织的危机发言人在"怎样说"方面要注意以下几点:

一是让公众"看"到组织的措施。危机期间,社会组织的真诚表态可以拉近与公众的距离,是危机处理成功的一半,接下来"实实在在"的措施是危机处理成功的另一半,"实实在在"的措施,应该是能够让公众"看"到的行动信息,而不是等着媒体去发现那些晦涩难懂的专业措施,社会组织要将采取的措施以简洁、通俗的形式传达给公众。

二是建立梯度信息发布机制。建立梯度信息发布机制涉及危机发言人如何把握危机信息发布的"度"的原则。危机信息的发布不同于常态下的信息发布,它更强调对公众心理的认知。面对危机,尤其是面对关系到自己切身利益的危机,公众会出现焦虑、猜疑、恐慌甚至恐惧,梯度信息发布机制没有信息数量的限制,而是注重根据信息发布对公众心理造成影响的程度来发布信息,即遵照危机状态下的公众心理需求,依照信息发布的"度"的原则,有步骤地发布信息。需要注意的是,梯度信息发布不同于"挤牙膏"式信息发布。面对突如其来的危机和众多利益相关者对危机真相的探询,很多危机主体下意识地在不得已情况下会像挤牙膏一样一点点发布危机相关信息,例如,基于不同利益相关者的信息需求进行差别化的有序的危机真相信息发布。

2016 年,国内首款免费大病社交筹款工具水滴筹创立,2018 年,水滴筹公益入选民政部社会组织管理局组织,由公益慈善专家、互联网专家、慈善组织代表、新闻媒体代表、捐赠人士代表评审的第二批慈善组织互联网募捐平台名单,之后仅四年时间,水滴筹基于"互联网众筹＋公益"的模式,成为行业黑马。

2018 年《南方都市报》记者以自己的身份实测水滴筹、轻松筹、爱心筹三大网络筹款平台,发现用伪造的诊断证明及住院证明可轻松通过三家平台的审核,对公众发布筹款求助信息,并在小范围传播后成功"提现"。然而,媒体报道中涉及的水滴筹对此事并未有专门回应。

2019 年 4 月,"×××众筹 100 万"引发水滴筹舆论危机,被质疑"审核不到位"。水滴筹方面表示,平台"没有资格去审核发起人的车产和房产"。

2019 年 5 月 11 日,水滴筹创始人××参加"中国益公司愿景演讲"时接受《新京报》采访,就日前×××筹款事件在平台审核等方面暴露的诸多问题，××指出，"个别自媒体有点断章取义了，其实我们在审核上还是一直在迭代，针对这次事件来看，我们会更严谨、更多维度地进行风控，并且不仅是我们公司，而是整个行业，其实民政部也发声了，要联合我们还有其他友商，一起把这个自律公约进行迭代，把流程进行升级"。对于此前在微博曾透露平台审核方案优化一事，××回应，"暂不着急，要把事情做实了再对外说"。对《新京报》曾花费290元买到虚假病历，并通过了水滴筹审核，××表示，"其实你会发现，中国还是好人多，真正拿到假资料去骗钱的还是极少数，其实我不希望个别小负面案例误导了大众，或者说让大众理解错了这个真实现状"，他补充道，"这种公益相关的事情，不要追求吸引眼球，而是回归到真实现状去表达这个事实"。①

2019年11月30日，梨视频拍客关于"卧底水滴筹医院扫楼筹款"的视频报道引爆刷屏。水滴筹回应：线下团队暂停，彻查违规行为。水滴筹危机迅速扩散，公众开始质疑水滴筹是慈善性质，还是企业性质。

2019年12月2日，水滴筹官方微博道歉，微博称，除强化监督、调整绩效管理方式，也强调了水滴筹的"非盈利"属性。此次回应依你水滴筹运营模式受公众深入关注，公众质疑，既然水滴筹是"非盈利"的，水滴筹筹的钱都给了筹款人，一分钱赚不到，反而还搭了支付渠道的手续费，累计补贴金额达到一亿元，那水滴筹靠什么养活月入过万的筹款顾问，又拿什么支付上亿元的支付手续费呢？公众认为，水滴筹分明是一家保险经纪公司，凭借"零手续费"为水滴公司引流，再反哺于"水滴保"业务。

面对"六上热搜"的巨大压力，水滴筹创始人××连发五次声明，于2019年12月5日发表公开信，表示欢迎大众监督，希望社会各界接纳网络筹款模式，寻求重新获得信任。2019年12月11日，在接受燃财经采访时，××指出，"公众把我们当公益组织，是对我们比较大的误解"。②

---

① 水滴筹创始人回应吴鹤臣筹款争议：风控将更多维度、更严谨. 观察者网, 2019-05-12.
② 水滴筹沈鹏回应一切：水滴是商业公司 而不是公益组织. 三言财经, 2019-12-11.

2021年5月7日，水滴公司在美国纽交所挂牌上市，××表示水滴筹不会收取任何费用，公司会承担平台运营的成本。但水滴公司上市首日遭受破发惨剧，从此一蹶不振，截至2022年3月18日，股价跌至1.03美元，较发行价大跌逾91％。

2021年11月，某网络博主发布视频，称水滴筹"收取18％高额筹款服务费""随意支取筹款资金"，水滴筹认为其捏造不实信息并报案，公安机关依法对两名违法人员予以行政处罚。2021年12月16日，水滴筹CEO××在微博表示，即将以"侵犯商誉罪"起诉违法人员。

2022年1月，水滴筹开始试点收取服务费，并称"是为了维持平台日常运营和用户服务，达到可持续发展的状态。"媒体开始深挖水滴筹账本，发现水滴公司2018—2021年净亏损分别为2.092亿元、3.215亿元、6.639亿元、18.63亿元，数据显示，水滴筹收入的70％都花在了营销上，2020年营销费用更是高达22.4亿元，引发"水滴筹表面看是'公益'，背地里都是'生意'"的争议，水滴筹形象极度受损，信任危机严重。

综观水滴筹在面临公益信任危机的沟通过程，可以发现：如果媒体和利益相关者发现或感觉水滴筹的危机真相信息牙膏还没有被挤完，就会形成和放大对危机真相信息的期待，最终导致即使所有危机真相信息都已发布，危机相关信息的"牙膏"事实上已被挤完，却还是难以换来利益相关者的信任、认同和合作，使其在极其被动和尴尬的挤牙膏式危机信息发布陷阱中越陷越深。

如何挽回公众信任，找回失去的公益信任，修复品牌声誉，对水滴筹而言，将是一条艰巨、漫长的救赎之路。究其原因，就在于水滴筹在媒体沟通过程中没有能直面危机真相，及时、充分发布危机相关信息，或采用新闻发布会形式，建立梯度信息发布机制，从而导致危机真相的公开过程脱离了危机主体的掌控，使一个本来司空见惯的运营危机最终演变和发展成了灾难性的品牌声誉和信任危机。

三、媒体劝服沟通策略

(一)危机劝服理论

劝服理论又称说服理论,是传播者试图利用传播的信息来改变他人的态度与行为的一种努力。该理论由传播学四大先驱之一——卡尔·霍夫兰(Carl Hovland)及其组织的耶鲁大学的心理学家在五十多项实验中得出的,在劝服理论中,霍夫兰提出"一面提示"和"两面提示":"一面提示"是仅向劝服者的对象提示自己一方的观点或者有利于自己的判断材料;"两面提示"是在提示己方观点或者有利材料的同时,也提示对方一方的观点或不利于自己的材料。相比较而言,"一面提示"能够对己方观点做集中阐释,简洁易懂,但会使劝服对象产生心理抵抗;"两面提示"给人一种"公平感",但理解难度增加,容易造成为对方做宣传的结果①。

劝服沟通的效果主要包括在危机信息传播过程中自然形成的传播过程效果和劝服者按照自己意图制作信息形成的劝服效果。危机导致社会组织与利益相关者之间契约关系扭曲,这就决定了社会组织的危机沟通必须超越"过程效果",借由劝服手段达到劝服媒体、修复契约的目的。根据劝服理论,劝服沟通需具备一些基本要素:劝服者、劝服对象、劝服内容、劝服模式、劝服技巧、劝服节奏等。这些要素的有机整合构成了一个劝服沟通模式,如图5-1所示。

该劝服沟通模式中,社会组织作为劝服者,一方面通过整合各类劝服要素,创造条件对媒体进行劝服,以争取其同情、理解和支持;另一方面,在条件允许时社会组织直接面对利益相关者进行劝服。劝服沟通流程如下:

首先,媒体向社会组织危机利益相关者发送正确信息,反映危机发展态势和企业的积极举措,从而影响危机沟通中的信息流走向。其特点是

---

① 银俊芳.劝服理论在蒙牛危机公关策略中的运用[J].青年作家(中外文艺版),2010(05):62-63.

迅速将信息覆盖到广大利益相关者。

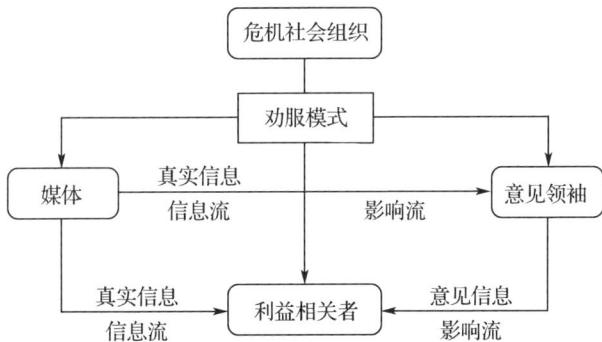

图 5-1 社会组织危机媒体劝服模式

其次,意见领袖对社会组织和媒介传递的信息进行加工,然后向利益相关者发送意见性信息,从而影响危机沟通中的影响流变化。其特点是通过人际互动影响利益相关者态度和行为,可实现双向沟通。

再次,危机劝服者——社会组织还可通过一定渠道直接向利益相关者通报危机状况、阐明自身立场,从而同时影响危机沟通中的信息流和影响流。

(二)危机劝服的方法

在危机沟通中适当运用劝服理论,有利于公众心理稳定,一旦关键公众即利益相关者了解社会组织的解释立场,就有利于形成解决危机的社会氛围,化解危机,减少危机危害和促进社会组织良性发展。社会组织危机劝服的方法主要有三种:

(1)重新定义名词。运用不同的名词概念,扭转指控者对危机事件的诠释。

(2)对事件表达关切或遗憾。尽可能减少社会组织对此事件所负的责任。

(3)区隔策略。区隔事件真相与表象之间的差距。例如,当真相不明时,把外界的指责引向"纯属主观偏见"而非事实;当事实摆在眼前不容推诿时,强调"行为/本质"的差距,表示此事件为单一特例而非社会组织的平常作风,呼吁外界不要因为一个过失而全盘否定组织的整体表现。

社会组织使用危机劝服方法要注意几个问题:

其一,危机情境的发生往往复杂多变,公众对于危机的归因也往往随之而复杂多元,因此危机管理人员须对利益相关者进行分层,把握主要利益相关者对危机责任的归因,并对归因种类进行有效归纳整理,形成劝服内容的策略组合。

其二,随着危机情境的动态发展,利益相关者对危机责任的归因也处于动态变化之中,因此,社会组织危机管理人员必须随利益相关者的反应和需求变化对劝服内容进行相应调整。

(三)危机劝服的技巧

1.高权威性的意见领袖

公众很可能由于不愿意与关系亲密或威信高的舆论领袖意见和态度相左而选择转变态度,接受劝服。因此,社会组织要充分利用危机受传者阵营中的舆论领袖,要特别注意舆论领袖在态度劝服中的有效作用,选择权威性高的意见领袖作为劝服主体,努力在双方的利益主张中间找到一个中间地带,从而将媒体与公众引导到这一中间地带进行有效劝服。

2.高可信度的信息来源

霍夫兰认为,可信度高的传播来源更容易影响受众的态度。在危机事件出现这一特殊时期,任何信息都显得苍白无力,主流媒体和危机受害者的现身说法才是最能影响公众态度改变的关键,他们成为高可信度、高信赖度的传播信源。因此,将媒体和危机受害者纳入社会组织运营管理体系之中,邀请主流媒体记者以及利益相关者前来参观,实地考察社会组织的项目运营、财务运作等环节,通过媒体将真实画面展示给大众,缓解警戒心理，以求重获信任。相比较其他社会组织，面临危机的社会组织如若能以公开、透明的方式对待媒体和利益相关者，或多或少为重塑组织形象打下基础。这类举措充分运用"含蓄暗示"的劝服技巧向公众验证了社会组织负责任的承诺，让利益相关群体根据已经摆出的事实，自己衡量是否该重拾对该社会组织的信心。

3. 理性与感情节奏相结合

在开展劝服传播时，要用"诉诸理性"和"诉诸情感"相结合的方式"打动"劝服对象。一方面是通过冷静地摆事实，讲道理，并诉诸理性；另一方面是营造某种气氛或使用情感色彩强烈的言辞来感染对方，诉诸情感。

在与媒体沟通过程中，"诉诸理性"主要表现在危机报道要多用科学数据，促使媒体做到报道理性，按科学依据说明危机危害，不夸大不缩小，必要时普及、宣传相关法律法规知识，从科学角度进行危机反思。然而，完全诉诸理性无法从情感上打动公众，因此，也要从情感上劝服，施拉姆曾说，"动感情的呼吁较之逻辑的呼吁更加可能导致态度的变化"①。

---

① 李彬.传播学引论[M].北京：新华出版社，2003：238.

第六章

组织间合作:基于外部利益相关者的社会组织危机管理

>>>

一个组织的运营离不开其他组织的活动,一个不与周围环境合作,不从环境中吸收资源的组织是不可想象的,没有一个社会组织是完全自给的。组织内部无法产生所需的所有资源,在社会组织危机管理过程中,社会组织必须通过环境获得必要的资源,特别是通过环境中的其他组织获取所需的解除困境的资源,从而维持正常运作,保障生存。

第一节　资源依赖与社会组织间合作

一、组织间合作的内涵

在公共管理领域,组织间网络是指组织间的合作网络,即"由多个组织共同去完成单个组织无法完成或者无法高效完成的目标"[①]。网络型社会进一步强调了组织之间构建的网络,即"三个以上自治但相互依存的组

---

　　① Agranoff R,Mcguire M. Big Questions in Public Network Management Research[J]. Public Administration Research and Theory,2011,(3).

织自觉创建的集合，致力于实现共同目标并合作创造产品"①。有效治理社会组织危机需要加强组织间合作，并在合作过程中确立组织间网络关系。

二、资源依赖与社会组织间合作

(一)资源依赖理论及其假设

资源依赖理论认为，"由于环境的不确定性和缺乏足够的资源供给，组织为了生存，为了减少和避免环境变化的冲击，需要追求更多的资源以保障自己的利益，因此需要组织自身对环境产生依赖"②。其核心观点是任何组织的生存都需要资源支撑，而资源来自与周围环境的合作与交换，即所有组织都不能自给自足，为了生存必须在与周围环境的互动中获取资金、交换资源③。

资源依赖理论包含四个假设：

一是组织最为关注的事情是生存；二是没有任何组织能够完全自给自足，组织需要通过获取环境中的资源来维持生存；三是组织必须与其所依赖环境中的要素发生互动；四是组织的生存建立在控制与其他组织关系的能力的基础之上。

(二)资源依赖视角下社会组织间合作的目标

尽管社会组织的形式各种各样，且每一个社会组织本身都具备多项职能，但危机爆发之后，整个组织处于极度混乱的状态，组织"单打独斗"难以取得实效，危机处理需要多种资源，这些资源单靠某个社会组织难以

---

①　Raab J，Kenis P. Heading towards a Society of Networks：Empirical Developments and Theoretical Challenges[J]. Journal of Management Inquiry，2009，18（3）：198-210.

②　邓延平.多维审视下的组织理论[M].北京：清华大学出版社.2007：215.

③　马迎贤.资源依赖理论的发展和贡献评析[J].甘肃社会科学，2005(01)：116-119.

自给自足。因此,社会组织需要同周围的环境进行合作和交换。此外,资源依赖理论对合作和交换的认识包括两个层面:

第一,双方在原有资源的基础上,为了获取更多的资源而互相帮助以达到共赢的效果,也就是所谓的资源共享。

第二,双方在自身资源匮乏的情况下,寻求对方的资源来帮助自己,同时也可以给予对方一定的帮助,即所谓的资源互补。[①]

第二节　危机情境下的社会组织同级合作

社会组织同级合作是指社会组织与其他社会组织之间的合作。危机管理中的管理和协调是等级型,还是网络型,将会产生不同的危机管理绩效,研究显示,在危机管理中网络型会比等级型更有效果。[②] 换言之,危机情境下,社会组织除及时认错并承担相应的责任之外,还需要积极寻找和扩大同盟,从而进一步提升危机管理绩效。

一、社会组织同级合作处理危机的必要性

一方面,在危机管理过程中,社会组织承诺与有着良好社会公信力的第三方全力进行合作,对危机真相进行调查,对危机所造成的负面影响和损害进行评估,这种危机预防和恢复的承诺,可以让利益相关者,特别是核心沟通对象知道,危机主体已经认识到了问题的存在,并有能力和实力解决危机,所有的问题和危机诱因都将会得到有效的纠正。

---

①　马伊里.有组织的无序:合作困境的复杂生成机理[J].社会科学,2007(11):75-82.

②　许悦雷,董佳.日本危机管理机制研究[J].现代日本经济,2020,39(04):13-23.

案例 广东医药零售行业协会、药师协会联合召开新闻发布会解读热点问题

2019年，执业药师"挂证"问题在"3·15"被央视曝光后，引起社会高度关注，也吸引了媒体聚焦报道，引发了各种猜测。商务部《全国零售药店分类分级管理指导意见（征求意见稿）》要求，到2020年全国大部分省市零售药店将基本建立分类分级管理制度。有业内专家认为，一旦全国药店分类分级管理全面实施，按商务部的要求可能只有六分之一的药店达到三类标准，近50万家药店中将有一定数量门店被淘汰。是合理推测，还是言过其实？作为全国首先实施零售药店分类分级管理政策的广东，无疑是最有话语权的"试验田"和"标杆"，对这些与药师相关的"大事件"，广东省医药零售行业协会最有发言权，因为其既是参与者，又在监管部门与药店之间充分发挥了"桥梁"的作用。2019年5月15日，广东省医药零售行业协会和广东省药师协会联合召开新闻发布会，解读"执业药师""远程审方"等热点问题，《医药经济报》《21世纪药店》《广州日报》《南方都市报》，金羊网、三九健康网和腾讯大粤网、广东省药监局安安网等知名媒体参加了新闻发布会，部分广州主流连锁药店、中国药店管理学院广东分院等应邀派代表出席。

广东省医药零售行业协会秘书长主持新闻发布会并向媒体公布了发布会的目的，"有些不符合真实情况的报道，易引发民众的恐慌，因此广东省医药零售行业协会和广东省药师协会联合举办了新闻发布会，希望借此加强与媒体的沟通与交流，共同打造健康的宣传环境"。发布会上，广东省医药零售行业协会执行会长简要介绍了该协会当前六个重点工作的进展情况；围绕媒体关注的执业药师"挂证"问题，广东省药师协会会长介绍了"广东省执业药师'十佳百优'评选活动开展情况"、如何进一步加强和发挥广东省执业药师在零售药店作用等两方面的内容。通过新闻发布会，两大协会加强了与媒体的交流与沟通，让媒体及时了解医药行业的真实情况并向民众传递，加强媒体、民众对协会的了解和支持。

另一方面,社会组织发展过程中,与其他社会组织相互支持,并通过支持促进社会组织间的互动与联系,能加强社会组织之间的资源互换,避免组织生存危机出现。以S省省域社会组织为例,一些由民间自发成立、扎根基层、独立运作并直接面向社会公众或弱势群体的一线社会组织在设立之初,不但在资金、资源、人才队伍等有形资源方面面临着较为严峻的挑战,而且在专业技术、公益品牌、社会公信力等无形资源方面也存在着较多不足,多数组织的服务范围和影响力只停留在镇街、村社,依靠村居委会的微薄捐助和组织成员的内部捐献艰难运转,不主动与周围环境进行沟通交流,较难与其他社会组织进行资源互换,来实现资源互补,"我们在走访的时候,发现很多组织完全就是自发地做好人好事,没有被关注和宣传,没有稳定的资金流,只在它们所在的镇或者街道为人所知,它们就像是一个个孤岛,很少与外界交流,自然也不被外界了解,指望村居委会号召着捐点钱,很多活动有想法但是根本开展不了"。相反,一些社会组织如"S社创"则通过与周围环境的合作交换,获得更多资源。"最让我们感到高兴的是和S省慈善总会达成合作,在S省慈善总会的支持下,我们各地慈善总会都有了一定的合作,比如枣庄市慈善总会、菏泽市慈善总会、济宁市慈善总会等。其中,枣庄市慈善总会计划投入50万元,支持当地开展壹乐园项目"。更为关键的是,"S社创"不与伙伴抢资源,全心全意为一线伙伴组织进行资源链接等服务,通过把优质资源链接给基层社会组织,把这些组织嵌入到拥有学习属性的公益平台中,让它们能够在平台中与其他社会组织的公益产品互相学习、引进、嫁接和嵌入,形成合作与创新,与各地社会组织建立了一种"情感上的粘连"①。

任何组织的生存都需要资源支撑,社会组织应能参与到其生存所依

---

① 聂云涛.枢纽型社会组织的支持功能研究——以S社创中心为例[D].济南:济南大学,2021:47-49.

赖的资源环境中,并与其中要素发生互动。通过横向合作,提升关系强度,社会资源将更丰富,生存发展危机也将迎刃而解。

二、社会组织同级合作处理危机的条件

美国学者克里斯·安塞尔提出,合作行动需要具备一定的初始条件,包括不同利益相关者的资源、能力、合作动机以及初始合作信任程度等。[①]作为以危机处理为价值取向的社会组织横向合作模式,其形成不是随机的、非理性的,而是需要具备相应条件。

(一)组织间的相互信任

信任是多主体关系的核心要素,社会组织横向网络的形成需要以信任作为一种强有力的联结机制,这是决定危机处理能否有效运行的关键,也是合作稳定与良性运行的前提。一般而言,成员间的信任程度越高,合作意愿就越强烈,合作成本就越小,合作行为发生的可能性就越高。相反,如果成员间缺乏信任,就会增加沟通成本,降低合作行为发生的可能性。为了构建信任关系,需要合作成员增强合作意愿,在共同利益和价值认同的基础上通过相互协商达成共同目标。

尽管合作的危机治理主体间具有目标差异和利益冲突,但由于其在根本上具有共同利益,因此能弥合利益冲突,达成共同目标,建立危机责任共担机制。

(二)组织属性的相似性

社会组织横向合作关系的形成受成员属性(组织目标、规模大小、区域分布等)的影响。组织多样性会增加组织间沟通与协调的成本,从而给组织间合作行动带来困难。因此,属性相似的组织之间往往政策偏好相

---

① 蔡岚,丰云. ANSELL 合作治理框架与我国区域合作的契合性分析——以长株潭公交一体化为例[J].学术研究,2014(09):58-64.

似,更容易交换资源和共享信息,降低沟通成本,更容易在危机处理过程中建立稳定关系,反之,则很难建立稳定的信任关系。

(三)组织资源的依赖性

资源是危机处理的物质保障,危机处理需要大量的人力、物力、财力、信息等资源,而任何一个社会组织都不可能完全具备以上所有资源。社会组织合作成员间的资源依赖是社会组织合作处理危机的必要条件,社会组织之所以能够合作,是因为成员间在资源分配上相互依赖,任何一个社会组织都无法依靠自己的单独行动实现预期目标,组织必须与其他组织经常性地交换资源,以适应不断变动的外部环境。资源依赖性促进不同社会组织产生资源共享和风险共担,不同类型的社会组织既具有各自的资源优势又能形成互补,通过采取合作策略弥补各自的资源缺陷,推动社会组织形成横向合作处理危机的长效机制。

(四)合作的正向收益

社会组织的横向合作是一种制度性集体行动,合作行为的达成不仅取决于合作各方的主观意愿程度,还需要一定的外力驱动,否则,合作各方会因动力不足而陷入"搭便车""踢皮球"等集体行动的困境。[①] 合作的最大外力驱动就是合作过程中所产生的正向收益,每个合作方都会权衡合作的利益得失,只有合作收益高于交易成本时,合作行为才会发生。因此,在危机处理过程中,某个社会组织选择是否加入合作网络,是对合作收益理性选择的结果,只有每个主体都从危机处理中获得预期收益(如增强社会影响),才会产生合作行动,否则,处于弱势地位或者利益受损的主体会主动回避甚至终止合作行动。

---

① 张玉磊.跨界公共危机治理组织间网络的形成:动力、条件、障碍与建构——一个基本分析框架[J].内蒙古社会科学,2021,42(02):17-26.

第三节　危机情境下社会组织同级合作的模式

一、社会组织同级合作处理危机的模式

(一)基于危机任务开展合作行动

从空间形态看,社会组织间的同级合作属于平面展开的横向整合。如上所述,信任是合作制组织的基础性整合资源,合作制组织倡导的是一种创造性解决问题和承担任务的做法,如果只满足于发现已经存在的优秀方法并加以推广,那么根本无法解决那些具有全新面目和全新性质的危机问题。因此,在社会组织的同级合作中,解决危机的方法具有不可复制的特点,社会组织必须基于危机任务开展合作行动,鼓励创新性合作。

(二)基于组织类型开展合作行动

根据是否直接服务于目标人群,社会组织类型主要分为支持型社会组织和操作型社会组织两类,其中:支持型社会组织也叫枢纽型社会组织,在现有社会组织体系中处于枢纽地位,不直接服务于目标人群,致力于调动资源和信息,为直接面向社会公众的中小型社会组织、草根社会组织等提供支持与服务,主要从事培育公益领袖、协助凝练项目、指导募捐筹款、营造区域公益生态、打造行业共同体等工作[①]。与支持型社会组织相对应的是操作型社会组织,即直接服务于目标群众的各类社会组织,有时也称为一线型社会组织[②]。

作为社会公共服务提供中坚力量的支持型社会组织,可以与操作型社会组织建立起良好的合作机制,通过拓展表达渠道,了解公共需求、了

---

①　聂云涛.枢纽型社会组织的支持功能研究——以S社创中心为例[D].济南大学硕士学位论文, 2021:13.

②　周秀平,刘求实.以社管社:创新社会组织管理制度[J].中国非营利评论,2011,7(01):54-58.

解操作型社会组织的能力建设需求,向操作型社会组织提供高质量、专业化、有针对性的服务①。支持型社会组织可以帮助操作型社会组织减少不必要的成本,为这些组织提供与资助者和志同道合的伙伴合作和共享的机会。面对当前操作型社会组织资金收紧、人员流失、项目锐减的生存发展危机,资助型基金会等支持型社会组织可以与之合作,形成更多的资源联动链条。

组织筛选是社会组织横向合作的基础,支持型社会组织通常选择有潜力、有意义的操作型社会组织展开协作,提供支持。因此,操作型社会组织想要在危机情境下获得支持型社会组织的支持,需要通过各种渠道与其进行接触,促进社会组织全方位了解自己。操作型和支持型社会组织双方要形成平等的友好伙伴关系,与组织负责人前期良好的沟通是有必然联系的。当然,合作中的沟通也必不可少,尤其对危机管理目标的沟通会在很大程度上影响后续合作的推进,无论是在选择前还是在支持中,双方都应建立良好的沟通机制,及时地进行信息的沟通与共享,使支持型社会组织能充分了解操作型社会组织详细准确的危机工作情况及危机处理能力水平。

同样,良好的合作机制要求双方合作应该有一致的目标和共同认同的价值理念,而一些被服务的操作型社会组织并未认同支持型社会组织的理念,只是一味寻求物质方面的帮助,这也就对双方的合作造成了障碍。

在合作处理危机的同时,操作型社会组织与支持型社会组织间应构建成果共享的激励机制,只有双方都能看到支持的成效,才能加强合作的动力,实现共赢的目标,保证双方能朝着同一目标进行奋斗,保证危机处理的效果。

然而,在合作方面,支持型社会组织与其他社会组织也存在一定的消

---

① 李莹.我国支持型社会组织的发展路径研究[D].青岛:青岛大学,2018:40-41.

极关系。枢纽型组织的认定、考核评估和监督机制不健全,无法形成动态的进入与退出机制,认定后一劳永逸,就可能会形成一批垄断行政资源和社会资源的组织,挤压一般性社会组织的生存与发展空间。[①] 由于支持型组织具有官方背景和管理职权,地位上高于一线的社会组织,这种地位上的差距,使双方较难达成长期健康的合作伙伴关系[②]。倘若出于政策导向进行合作,为了保持自己的资源优势和垄断地位,支持型社会组织则始终对一线组织抱着谨慎、警惕甚至防范的态度,某些与一线组织在业务和资源上有竞争关系的枢纽组织甚至存在以自身优势挤压一线组织生存、发展空间的可能性[③]。

(三)基于政府主导开展合作行动

基于政府主导,社会组织之间推进横向合作,有利于从根本上预防危机,减少危机滋生的土壤。

一是成立社会组织大联盟。通过实行会员制、吸纳社会资金、政府主导合作等方式,发挥联盟成员优势,积极进行信息交流和合作。例如,2021 年 1 月,广州深圳签署《深化广州深圳社会组织工作交流合作框架协议》(以下简称《合作框架协议》),推进两市社会组织深度合作协同发展,开展多渠道、多层次、多形式的项目合作,实现优势互补。[④] 同样,山东和重庆推进社会组织协作走深走实,打造鲁渝社会组织协作"升级版"。两地搭建行业协会对接平台,组织 40 家省市级行业社会组织,聚焦农业产业发展、消费帮扶、文旅交流、协会管理等,开展行业协会结对帮扶行动。重庆市中医药行业协会、万州区中药材行业协会与山东省中药材行业协

① 汪丹.我国枢纽型社会组织研究综述[J].郑州航空工业管理学院学报,2015(02):110-113.

② 余永龙,刘耀东.游走在政府与社会组织之间——枢纽型社会组织发展研究[J].探索,2014(02):154-158.

③ 石晓天.我国枢纽型社会组织的功能特征、建设现状及发展趋势——文献综述的视角[J].理论导刊,2015(05):85-88.

④ 罗凯燕.广州深圳签署《社会组织合作框架协议》八大合作开启双城联动新篇.读创深圳,2021-01-06.

会签订战略合作协议,首批拟采购重庆道地药材,价值近 500 万元;重庆市医药行业协会组织西南药业、科瑞制药等单位,与山东省医药行业协会的齐鲁制药、鲁抗医药等 9 家企业,签署鲁渝医药行业战略合作协议。①

二是构建社会组织大市场。如对跨领域的信息咨询、中介组织、平台相关的社会组织予以政策支持;鼓励行业协会之间建立联盟关系,探索创新社会组织纠纷调处机制;推进社会组织诚信体系建设,建立社会组织信息共享。

三是建立统一的社会组织认证和监管标准。针对社会组织开设的分支机构实现区域内资质互认,优先扶持实现多点布局、形成品牌效应的社会组织开展横向合作。

四是搭建社会组织跨界合作平台。通过搭建社会组织跨界合作、资源共享的平台,促进协会、学会、研究会、商会、促进会、联合会、基金会、中介组织等开展细分化、专业化、可操作性的合作。如聊城市民政局以"凝心·聚智·共享——我为社会做点什么"为主题组织"月月谈",让不同行业、不同领域的社会组织走上讲台,全面展示自己可提供的信息资源以及对其他领域的需求,为社会组织之间的合作提供切入点。如组织相关行业协会与公益组织负责人会谈协商,确定公益组织出项目、行业协会出服务(或资金)的合作思路,项目立项后,双方再根据各自需求"双向选择",为社会组织多领域、多层次、多形式合作营造氛围,奠定基础。②

二、社会组织同级合作处理危机的注意事项

社会组织之间的横向合作,有助于社会组织在法律法规框架内探索自我造血之路的同时,与本领域组织如公益基金会合作,积极拓展和整合社会资源,摆脱生存危机等困境。社会组织间横向合作还需要正确处理

---

① 山海情深!鲁渝社会组织协作硕果累累,重庆政府网,2022-03-11.
② 周亮,张世伟."社会组织月月谈"谈出发展与合力[N].中国社会报,2021-11-24.

几对关系,以社会组织和基金会的合作为例,在合作中,社会组织要明确以下关系:

(一)明确合作双方关系

首先,社会组织和基金会之间是多方关系,而非双方关系,原因是:首先,服务对象认可社会组织的项目,社会组织才具备公益合作谈判的根本,在社会组织和基金会的合作过程中,要征询服务对象共同参与筹款,和基金会一起讨论如何服务受益对象;其次,基金会也有出资方,社会组织要考虑出资方的诉求;三是基金会官员的利益相关方是谁? 基金会官员要向理事会、出资人交差,不希望任何一个项目失败。

其次,社会组织和基金会之间是契约关系,而非父母关系。社会组织要明确,筹款是社会组织责任,而非基金会责任,社会组织拿出什么与基金会合作? 让基金会愿意拿出最有优势的资金,是因为社会组织的执行力还是团队?

(二)理性解决相关问题

基于合作的多方关系和契约性关系的特点,对社会组织而言,与基金会合作要理性解决以下问题:

一是客观分析组织的资金模式。

二是准备好解决方案:合作项目为谁服务? 解决什么问题? 实现什么变化? 变化如何发生? 如何可持续?

三是和基金会合作注意不要出现以下问题,如不要迎合基金会的想法去修改组织目标;不要在危机情况陈述上弄虚作假,要评估和呈现危机处理后的效果;不要出现合作前后态度上的变化(如寻求合作时积极,得到支持后懒散);不要诋毁竞争对手和合作伙伴。

四是认识到非正式沟通的重要性,可创造一些场合以便真切地和基金会洽谈合作。

第四节　危机情境下的社会组织跨界合作

社会组织跨界合作是指社会组织与其他组织属性不同、组织特征差异较大的组织之间的合作。从社会网络关系看,社会组织与社会经济特征不同的组织间合作特征越丰富,组织拥有的跨类别、跨部门的信息与资源来源渠道就越丰富,社会组织的获得异质性资源来源渠道就越密集。政府、企业、社区是社会组织的重要利益相关者,也是社会组织预防和处理危机的重要合作伙伴,本书主要探讨社会组织与政府、企业及社区之间的跨界合作。

一、社会组织跨界合作处理危机的意义

从社会组织自身利益出发,社会组织跨界合作的必要性主要有:

第一,解决资源危机的需要。对民间助学慈善组织进行研究发现,该组织在扶贫过程中充分利用组织社会资本中的弱关系,拓展了社会性资源来源,有效解决了扶贫项目面临的资源不足、信任危机等问题[1];面临生存发展困境的社会组织可以对与基金会的合作有所期待,但并不意味着社会组织仅能依靠基金会和其他社会组织,与政府、企业、社区、公众等各方资源的协作同样有助于危机的处理与解决。面对组织生存和资金筹集困难,社会组织应有强烈的生存危机意识,主动寻找多元化的合作伙伴、资金来源,包括政府部门、公益基金会、企业和众筹等,实施资金来源的多元化策略,整合和活化不同类型的社会资源。社会组织从多元化渠道谋取资金可以实现财务稳定和可持续发展,其原因在于:每种收入来源都存在波动性和不确定性,多种收入来源可以确保组织的资金流动性,从而更

---

① 匡立波,黄渊基.互联网+背景下社会资本"弱关系"与脱贫路径创新研究——基于湘西北"微善风"民间助学慈善组织的考察[J].学习与探索,2017(03):48-56.

加灵活地应对潜在危机[①]。

第二，解决合法性危机的需要。从制度理论的合法性角度解释，合法性是指组织的行为被关键的外部和内部利益相关者认为是可取和适当的。社会组织受到法律政策、观念制度、社会规范、文化期待等正式约束与非正式约束，组织是否符合制度约束影响了其他利益相关者对组织合法性的判断，而社会组织间合作有利于社会组织合法性的获得，与政府合作可以提高政治合法性，而与社区合作可以提高社会合法性等。

第三，解决管理能力危机的需要。社会组织资源不足、专业人才不足等困境造成社会组织的"志愿失灵"，社会组织通过与特定类型的企业合作，可以学习企业先进的管理经验，提高社会组织管理能力。

第四，共享信息的需要。面对复杂的、多方面的问题，单个组织受到技术、政治和认知的限制。在不同组织之间建立合作可以使组织获得知识和补充技能，学习新技术或开拓市场，使得社会组织有能力在组织边界之外提供更广泛的产品和服务。

第五，恢复信任的需要。具有社会公信力的第三方，如具有专业知识得到社会价值观普遍认可的专家学者，或得到授权的有着良好社会声誉的机构，也被视为危机中最广泛的利益相关者的代表，危机中的社会组织也可以争取第三方同盟，借助于与第三方同盟之间的合作，展示组织坦诚危机真相、保护利益相关者利益的负责任的危机管理态度，使核心沟通对象和大多数利益相关者坚信，该社会组织是值得信任的。

二、社会组织跨界合作处理危机的前提

社会组织与第三方同盟之间的最佳关系定位就是合作。当一旦确定第三方同盟并做出合作的承诺，就需要不遗余力地去履行，否则就会给危

---

① 宫晓辰，孙涛，叶士华.政治关联可以提升社会组织生存能力吗？——基于收入多样性的中介效应分析[J].公共管理与政策评论，2022，11(01)：131-144.

机利益相关者质疑危机主体态度和价值观的机会和借口,使危机性质恶化。

互惠关系是合作韧性的基石,它塑造了组织的关系韧性,而关系韧性是组织韧性的重要组成部分,是社会组织跨界合作处理危机的前提。社会组织不仅需要与横向合作组织建立互惠关系,还需要与捐助者以及其他生态伙伴建立互惠关系,这种关系越强,关系韧性越大,越能助力社会组织抵御风险和危机。

基于互惠的关系韧性是帮助社会组织战胜危机的重要力量。只有互惠才能恒久,只有恒久才有韧性。那么,互惠关系的本质又是什么呢?高韧性的社会组织将与内部成员、服务对象、捐助者、合作者之间的互惠关系视为组织的战略行为,这种互惠关系可以为社会组织赢得长期信赖,当危机来临的时候,他们也不会因为短期利益而抛弃组织。

三、社会组织跨界合作处理危机的方式

(一)与政府合作处理危机

1. 社政合作意义

随着政府职能改革不断深化,政府逐步认识到社会组织在参与社会治理中的重要性,在公共服务领域,政府通过服务购买、职能转移等形式,将原本承担的许多社会职能归还给各类社会组织,社会组织与政府合作方式的转变,使社会组织以更加理性与专业的方式向政府展现社会问题。

一方面,在社会组织与政府合作的具体执行中,政府以合同制、资金补助、项目申请等方法帮助解决公共服务过程中的资金短缺问题①。然而,与政府的政治关联对于组织生存能力来说是把"双刃剑",虽然有助于

---

① 管兵,夏瑛.政府购买服务的制度选择及治理效果:项目制、单位制、混合制[J].管理世界,2016(08):58-72.

提高社会组织的财务稳定性，增强社会组织的应对突发财务危机的能力，但在一定程度上也会阻碍组织的收入增长。

另一方面，社会组织与公共组织合作的信任机制能增加项目服务对象对社会组织的信任，从而推动社会组织项目落地。社会组织"志愿失灵"或"慈善失灵"现象会导致社会组织面临严重的信任危机，各类贪污腐败、谋取私利等负面消息将会损害社会组织公益形象，恶化组织生存环境，降低组织整体公信力。与公共组织合作能够向社会传递遵纪守法、正当经营的信号，增加服务对象对社会组织的信任，从而更有利于社会组织公益项目的落地。

2. 社政合作的途径

（1）争取政府背书以提升组织信任度

制度化是增强社会组织嵌入公共性的关键。公共性不足使得社会组织面临"合法性危机"，即缺乏秩序认可，导致公众对社会组织的接受度与认可度不足。社会组织在项目运营过程中，仅有形式上的参与远远不够，更需政府的刚性支撑与保障。因此，争取政府背书，不仅可以维护社会组织的合法权益，也可以提升社会组织嵌入的公共性。

2019 年，四川省生态农业发展促进会在美姑县马红村推进扶贫救助社会服务试点项目，由于涉及新的生产流程、种植与养殖品种，项目初期遭到了当地农民的不信任。后来，四川省生态农业发展促进会与县委统战部建立组织合作，邀请统战部工作人员一同去当地开展宣传动员大会，化解了信任危机，成功推动公益项目落地。四川省生态农业发展促进会专家委员会介绍："我们的项目要发展种养循环生态农业，涉及西门塔尔杂交牛养殖、神州茅牧草种植。他们都没有种过这些产品。一开始去的时候，大家都怀疑种草能不能带来经济收入，不相信我们，都不愿意种。后来，我们找到了之前联系的县委统战部副部长，让他和我们一起去开宣传动员大会。大家一看领导亲自来了，就开始慢慢相信我们，尝试种植。"

同样,四川省光华社会工作服务中心在推动四川大凉山项目初期,也遭遇了当地村民的驱赶。该服务中心选择与当地政府建立合作,利用县政府的政治背书,联系当地村委,增加信任度,从而成功推动公益项目落地。四川省光华社会工作服务中心负责人介绍说:"当地人见到生人都很警觉。可能由于当地政府防骗宣传过于到位,我们一进村子,就被盯上了。我们还没找到村委会说明来意,就被一群人赶了出来。后来,我们联系到之前合作过的县委副书记,让他帮忙先和当地的村委联系,我们才顺利进入村子开展项目。"①

(2)争取政府资源以提升危机处理能力

社会组织的收入来源主要包括会费收入、社会捐赠、商业收入、国际援助等。然而,既定环境下社会组织的会费、社会捐赠、商业收入、国际援助等收入极其有限。在此情形下,获得政府资源支持是社会组织解决生存困局的最有效手段。表面上看,这是政府与社会组织双方的"自愿交易"行为,但需注意的是,社会组织并非没有任何"代价",这种"代价"主要体现为:资金困境会导致一些社会组织在自主与依附上处于两难境地:追求自主性使组织生存和发展资源匮乏;依赖政府获取体制内资源,会增强组织的依附性。② 例如,某社会组织(R机构)两任负责人均追求自主性,以理想主义眼光看待政府与社会组织的关系,最终导致组织陷入资金困境,他们也不得不辞职。该组织的第三任负责人鉴于"国内社会组织生存和发展所必需的资源大多为政府部门所有""机构只有依托政府才能生存下去""逐渐放弃自主性和独立性,以此来交换政府给予的项目和经费的支持,同时接受政府对公司领导的安排。③

---

① 应新安.组织间合作特征对社会组织公益绩效的影响——基于资源获取能力的中介作用[D].杭州:浙江大学,2021:39.

② 孙发锋.依附换资源:我国社会组织的策略性生存方式[J].河南社会科学,2019,27(05),18-24.

③ 张钟汝,范明林.政府与非政府组织合作机制建设:对两个非政府组织的个案研究[M].上海:上海大学出版社,2010:154-163.

（二）与企业合作处理危机

1. 社企合作意义

随着社会与经济的快速发展，社会组织与企业之间的合作联系变得愈发紧密。社会组织与企业的合作动力往往源自资源互补。

一方面，企业作为社会组织三大资金来源之一，社会组织与企业合作可以有效地改善社会组织资源困境，提高社会组织的资源获取能力，为社会组织的生存发展提供大量的资源支持，有利于降低社会组织对政府的依赖度，实现资源来源多元化。

另一方面，企业拥有丰富的人力资源和先进的组织管理模型，而社会组织普遍缺少专业人才，远没有达到资源动员、组织管理、协调互动、危机应对相关的公共服务专业化水平。因此，社会组织与企业的跨界合作不仅可以借用企业的优秀人才改善社会组织公益项目人员结构，弥补社会组织内部专业管理人才缺乏和志愿者非专业性造成的"志愿失灵"问题，还可以通过学习企业的管理经验和运营技术提高社会组织的组织能力，从而有利于完成组织使命。

2. 社企合作沟通

社会组织与企业的管理方式和话语体系均有所不同，社会组织更注重社会效益，企业更注重经济效益，是性质完全不同的两类组织。跨部门合作牵涉不同的组织属性、不同的文化底蕴、不同的管理模式和不同的价值观之间的协调问题。因此，社会组织与企业在选择合作对象时需要更好沟通以了解双方匹配性。

社会组织与企业在合作过程中，难免会因组织间的差异而产生各种矛盾和冲突，此时沟通就越发重要，双方坦诚交流，冷静沟通，相互信任和理解，才能化解隔阂，稳固合作关系。社会组织与政府合作时需换位思考，要找准需求和合作切入点，加强沟通，以形成对危机事件的科学理解并达成共识。

社会组织在和企业合作处理危机时,需要关注企业所处的发展阶段,处于初创期和成长期的企业更关注企业自身发展和品牌宣传,因为发展是企业第一要务;处于成熟稳定期的企业则更关注企业的可持续发展和全球性问题。

2006 年,农夫山泉与中国宋庆龄基金会合作开展"喝一瓶水,捐一分钱"的公益活动,双方协议约定,"从 2006 年 1 月 1 日至 2006 年 7 月 31 日,甲方(农夫山泉)每销售一瓶农夫山泉天然水,就从中提取一分钱,双方成立'饮水思源'助学基金,并将基金全额资助给农夫山泉 4 个水源地周边乡镇的贫困孩子"。但农夫山泉没有给 2006 年 1 月 1 日至 2006 年 4 月 24 日期间生产的矿泉水贴"饮水思源"标签,没有定期向基金会公布活动期间的销量,导致被媒体曝光涉嫌不实捐赠和虚假宣传,在社会上引起广泛关注。[①] 这就是由于双方缺乏坦诚交流和沟通导致对合作关系造成巨大伤害,使彼此利益受到影响。因此,要想取得合作成功,就要消除合作伙伴的心理隔阂,建立彼此的信任和默契,这就需要双方加强沟通,把矛盾和问题摆出来讲清楚,共同寻求解决方法。如果有了问题不说,只会让彼此的矛盾越来越深,合作难以继续,给双方都会带来极大的损失。此外,双方良好的沟通也有助于社会组织学习企业先进科学的管理方法,实现自身的存续和发展。

3. 社企合作形态

社会组织角色转变和企业社会责任的兴起为跨部门合作提供了机遇,相对于社会组织与企业角色的变化,两者间跨界合作也呈现一定发展态势,在数量和规模上不断增长,合作领域不断拓宽,合作形式也日益多样化。根据社会组织与企业的合作层次、资源交换和利益共享程度,社企合作可分为封闭型合作、开放型合作以及整合型合作三种合作形态,如图 6-1 所示。

---

① 案例来源:白雪.农夫山泉"一分钱捐赠"广告争议调查[N].中国青年报,2009-08-21.

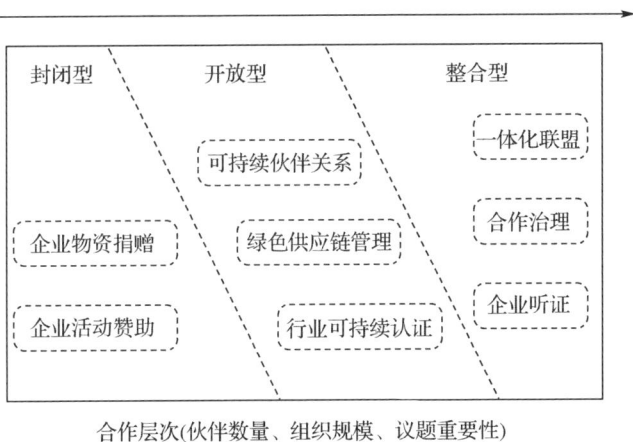

合作层次(伙伴数量、组织规模、议题重要性)

图 6-1　社企合作的三种形态①

(1)封闭型合作

封闭型合作是指在社企合作中,企业是主动发起合作的一方,而社会组织被动接受企业抛出的"橄榄枝",换句话说,是指当社会组织所拥有的资源能够基本满足组织正常运作时,缺乏主动寻求与企业合作的意愿,仅接受企业参与或实施慈善捐赠或赞助合作项目。而且,社会组织会根据组织自身情况及项目内容,从"是否有助于完成组织的使命,是否能够更好解决公共问题"等选择是否与企业合作。

封闭型合作多为短期性的合作,在这种合作模式中,社企合作实质是一种交换:企业通过提供社会组织急需的资金、物品或者先进的管理方法,从社会组织处交换得来企业所需要的企业社会责任提升、良好声誉或者企业自身的凝聚力。具体到实际,封闭型合作主要包括两种形式:一是企业直接对社会组织进行资金和物品捐赠,社会组织利用所获得的资源开展慈善活动并表示感谢,之后不会再与捐赠企业有深入联系;二是企业

---

① 图片参考:苏航.非营利组织与企业跨部门合作的行动逻辑研究——基于环保领域合作的多案例分析[D].上海:华东政法大学,2019:21.

赞助社会组织开展活动,企业获得冠名权,提高了品牌影响力,社会组织则获得新的资金来源并能提升开展公益项目的知名度。

封闭型合作关系通常只涉及单一的企业或社会组织,具有单向性和短期性,只要双方各自履行约定的义务享受相应的权利,合作关系就能良好地发展,侧重的是资源的交换及组织利益的达成,这种合作形态往往有较大的偶然性,社会组织和企业双方对慈善捐赠的预期和投入都较有限,对双方组织的长远影响较小。

(2)开放型合作

开放型合作指社会组织与企业对合作关系进行投入并获得相应收益,双方的合作不仅给彼此带来了收益,还有新的社会效益溢出,两者的收益不仅来自双方的投入,还来自合作关系的产出效益。虽然,社会组织与企业有着不同的使命和宗旨,但并不意味着双方不能为共同目标而努力,两者的互补性为开放型合作提供了可能。

开放型合作关系不仅是简单的交换关系,更是合作共赢的关系,不仅停留在"交易"层面,而是进入更深层次的互动中。在这种合作关系中,社会组织与企业均需要投入自身优质资源,合作的主要内容除了双方约定的权利和义务外,还包括利用双方投入的资源来建立新的合作联盟来产生社会效益。具体到实际,开放型合作主要包括三种形式:一是社会组织与企业就特定项目形成可持续的伙伴关系,如中国扶贫基金会携手百胜中国于 2008 年发起"捐一元·献爱心·送营养"活动,截至 2021 年,该项目已坚持实施 14 年,累计募款超过 2.2 亿元,带动 1.3 亿多人次参与,为 14 个省(自治区)的乡村儿童提供了超过 5000 万份营养加餐,并为 1200 余所乡村学校配备了电气化爱心厨房设备,受益儿童超过 78 万人次,推动了"小额众筹,人人公益"理念的深入[①]。二是绿色供应链管理,如加拿大最大的食品零售商 Loblaw 与世界自然基金会合作,决定采购可持续海

---

① 案例来源:"捐一元"项目开启第十四年爱心之旅. 人民资讯,2021-08-09.

产品，这种合作行为对上下游供应链产生了广泛影响，使多方的利益相关者受益。三是社会组织从专业角度对企业的生产活动做出认证或建立行业可持续认证标准，例如，2021年9月，中国国际民间组织合作促进会、中国绿色碳汇基金会等联合举办"双碳目标下的社会组织与企业合作论坛"，与会的行业协会、国内外社会组织、企业的代表共同发起"打造创新引擎，促进绿色转型，共建零碳中国，争当双碳先锋"的"双碳"目标行动倡议。具有较多企业成员的社会组织"世界可持续发展工商理事会（World Business Council for Sustainable Development，WBCSD)"与非政府组织"世界资源研究所（The World Resources Institute，WRI)"共同开发温室气体核算体系，基于技术的解决方案和基于自然的解决方案对专业问题深入研究，帮助企业应用和解决实际问题，跨界合作形成良性配合与互动，推动实现2030年前"碳达峰"、2060年前"碳中和"目标实现。论坛认为"双碳"目标下社会组织与企业都可以发挥作用，尤其是社会组织，它能够成为公众与企业之间的重要桥梁，更好地帮助公众理解碳中和、可持续发展等理念，也使得企业更有动力采取实际行动助力可持续发展。[1]

（3）整合型合作

在整合型合作中，社会组织与企业的合作不仅停留在资源互补和交换层面，而是发展到共同的价值创造，即通过双方资源和能力的深度结合，建立一个"治理共同体"，产生变革的影响力。一方面，社会组织希望通过这种更紧密和正式的合作方式能从根本上影响企业产品生产和内部管理，使得诸如环境污染等问题能在发生前就得到遏制。同时，企业也希望通过与社会组织更为直接的接触与合作，来帮助其解决自身内部社会责任管理问题。

整合型的跨界合作超越组织间的互动，更是整个行业的以及政府、社区等利益相关者之间的互动，这种跨界合作不仅取决于单一事件的解决，

---

[1]　案例来源：双碳目标下的社会组织与企业合作论坛倡议争当"双碳先锋". 人民网，2021-09-09.

更倾向于长期联系,可视为社会组织与企业建立的一体化伙伴关系,试图能够平衡企业经营与社会生态问题,通过满足所有合作伙伴的目标和赋予社区权力,寻求更广泛的社会改善。

整合型合作是社企双方跨部门合作层次、互动程度及整合度最高的阶段。具体到实际,整合型合作主要包括三种形式:一是建立一体化管理联盟,一个比较有代表性的例子是美国的环境保护基金会与麦当劳在1990年建立的环保创新联盟,旨在减少麦当劳产品生产过程中的浪费,随后其他一些企业也加入了这一一体化管理联盟,以期改善自身的产品生产流程。二是合作治理,除了社会组织与企业外,还有来自包括政府等不同部门共同协调制定和实施公共政策并实现公共利益,如由加拿大9家环保组织和21家森林产品公司发起的加拿大北方森林协定,该协议是世界上最大的保护倡议,为管理加拿大巨大的北方森林创造了一种新方法,并对当地的生态、经济和社区都产生了巨大价值,开创了保护和资源管理的新纪元。三是环境影响评估,企业在建立新设施或场地计划时,需要考虑社会组织等其他利益相关方的意见,社会组织可以为企业提供相关建议。如2011年骆驼集团襄阳蓄电池有限公司邀请绿色汉江环保NGO参与在其开展的蓄电池资源整合项目环境评价公众听证会,绿色汉江在会中对该公司提出了中肯的建议,推动了重金属领域的污染防控。

对社企合作的三种形态,虽然更高层次合作创造的社会价值更大,但投入的资源和成本往往也是巨大的。因此,社企合作并没有绝对最优模式,在社会组织的不同发展阶段,社企合作形态的选择应基于外在的环境变迁和自身的转型发展理性决策。

然而,如果社会组织一味依靠企业资金的捐赠和技术管理的扶持,反而会降低社会组织的公信力,给公众形成"依赖扶持"的负面印象。因此,社会组织与企业合作时,应审慎寻找平衡之道,努力在借助企业资源的同时保持自主性和能动性。需要注意的是,如果合作中双方的地位不平等,久而久之,实力较弱的社会组织就会失去独立性和灵活性,最后会迷失自我，面临解体的危机。

(三)与社区合作处理危机

1.合作方式

如果社会组织在资源上过度依赖政府，则会导致政府财政不足时组织面临生存风险。一些社会组织为了获取更多政府资源，采用了不分群体、区域"有项目就参与"的"遍地开花"参与模式，短期内虽然缓解了生存压力，但单纯依赖政府购买服务的项目发包模式，会对社会组织服务专业水平提出更大挑战，使其专业发展内驱力不足，较易遇到外部系统行政化和内部专业自闭的双重内卷化危机，成为影响社会组织品牌建设的潜在危机。

(1)以社区活动吸引社区居民关注

社会组织可以在社区开展大型活动，以活动作为载体来宣传组织，增加组织知名度和影响力。如通过线下海报和线上微信公众号，拍摄抖音短视频等多方面宣传社会组织的社区活动、作用、特色等，吸引社区居民的关注，提升社区社会组织的公信力和影响力。

(2)以成员形象影响社区居民判断

社会组织在与社区合作过程中，可以通过开展评比活动等弘扬本组织社区志愿者的奉献精神，让志愿者在组织中获得荣誉感。组织成员的形象代表着社会组织的形象，可以影响到社区居民对组织的公信力判断。

2.合作注意事项

对社会组织而言，社区是社会组织项目的实施地，是社会组织公益目标实现的地方，而社区对公共服务广泛的需求也是双方达成合作关系的现实基础。社会组织可以通过与社区建立合作，快速嵌入到社区之中，从而加强与社区居民、居委会等利益相关者之间的关系，推进组织项目的运行。目前，社会组织在与社区合作过程中，发挥了社会组织的作用，但同时也存在一些问题，如不能根植于社区公众、运营项目的活动对象单一、

项目效果不理想等。因此,在合作中,社会组织应基于以下目标进行有效管理:

一是社会组织与社区合作时以需求+资源为导向。

二是沟通以寻求社区制订框架时为社会组织灵活应变留有余地。

三是保持社会组织在社区服务项目上的专业性。在社会服务机构与社区合作过程中,一些机构为了化解项目困难,牺牲服务专业性以完成项目,极大损害了组织声誉,如有的社会服务机构在面向社区开展失独老人服务时,对于特定失独老人不能建立起有效的服务关系,但是为了完成项目指标把服务对象替换为普通老年人,不仅降低了服务难度,而且存在让社区动用资源关系邀约居民参与服务的情况。这种运作行为存在极大弊端,一方面使社会服务机构的专业性难以体现,另一方面也影响着服务对象参与社会工作服务的积极性,最终危害组织声誉。

参考文献

[1] 中国社会科学院语言研究所词典编辑室. 现代汉语词典[M]. 5版. 北京：商务印书馆，2005：1412.

[2] ［英］艾莉森·沃特斯，［英］维多利亚·布尔. 牛津中阶英汉双解词典[M]. 5版. 刘常华，等，译. 北京：商务印书馆，2017：329.

[3] ［美］罗伯特·希斯. 危机管理[M]. 王成，宋炳辉，金瑛，译. 北京：中信出版社，2004：13.

[4] 胡百精. 危机传播管理[M]. 3版. 北京：中国人民大学出版社，2014：5.

[5] 孙梅. 危机管理：突发公共卫生事件应急处理问题与策略[M]. 上海：复旦大学出版社，2013：3-4.

[6] 路江涌. 危机共存：后红利时代的管理法则[M]. 北京：机械工业出版社，2020：20.

[7] 路江涌. 危机共存，时代共演[J]. 家族企业，2020(12)：38-39.

[8] ［美］凯瑟琳·弗恩-班克斯. 危机传播——基于经典案例的观点[M]. 陈虹，等，译. 上海：复旦大学出版社，2013：3.

[9] 高晓虹，隋岩. 国际危机传播[M]. 北京：中国传媒大学出版社，2011：14.

[10] Coombs W T. Teaching the Crisis Management/Communication Course [J]. Public Relations Review，2001(27)：89-101.

[11] 高世屹. 政论危机管理的传播学研究[M]. 济南：山东人民出版社，2005：224.

[12] 强月新. 新闻与传播评论(2017春夏卷)[M]. 北京：中国传媒大学

出版社，2017：166-171.

[13] 孙梅. 危机管理：突发公共卫生事件应急处置问题与策略[M]. 上海：复旦大学出版社，2013：8.

[14] Pearson C M，Clair J A. Reframing Crisis Management[J]. Academy of Management Review，1998，23(1)：59-76.

[15] 苏伟伦. 危机管理：现代企业实务管理手册[M]. 北京：中国纺织出版社，2000：1.

[16] 孙多福，鲁洋. 危机管理的理论发展与现实问题[J]. 江西社会科学，2004(04)：29.

[17] 刘颖，刘咏梅. 众包危机管理理论研究——社会公共危机管理新方向[J]. 探索，2016(02)：109-115.

[18] 马振耀，唐道阳，尹小悦. 领导科学[M]. 长春：吉林大学出版社，2019：19-20.

[19] 杨澜，郑伟. 大数据背景下高校机管理模式创新的内容、理念与原则[J]. 湘潭大学学报(哲学社会科学版)，2021，45(02)：51-59.

[20] [美]诺曼·奥古斯丁，等. 危机管理[M]. 北京：中国人民大学出版社，2001：1-13.

[21] Ian I Mitroff，Christine M. Pearson，Crisis Management：Diagnostic Guide for Improving Your Organization's Crisis-Preparedness [M]. New York：Jossey-Bass Inc.，1993：10-11.

[22] 李全利，周超. 4R危机管理理论视域下基层政府的危机应急短板及防控能力提升——以新冠肺炎疫情应对为例[J]. 理论月刊，2020(09)：73-80.

[23] 张玉亮，杨英甲. 基于4R危机管理理论的政府网络舆情危机应对手段研究[J]. 现代情报，2017(09)：75-80.

[24] 孟亮，张光磊. 基于4R危机管理理论的高校安全防控体系构建[J]. 现代大学教育，2017(07)：91-96.

[25] Salamom LM. Rethinnking Public Management：Third-Party Gov-

ernment and the Changing Forms of Government Action[J]. Public Policy，1981(3)：155-174.

[26] 赵挺. 美国地方政府购买社会组织服务中的融合模式及其借鉴[J]. 科学发展，2019(09)：107-113.

[27] 孙伟林. 社会组织管理[M]. 北京：中国社会出版社，2009：1.

[28] 王名，孙伟林. 我国社会组织发展的趋势和特点[J]. 中国非营利评论，2010，5(01)：1-23.

[29] 国务院发展研究中心社会发展研究部课题组. 社会组织建设：现实、挑战与前景[M]. 北京：中国发展出版社，2011：1.

[30] 张海军. "社会组织"概念的提出及其重要意义[J]. 社团管理研究，2012(12)：31- 32.

[31] 候非. 社会组织参与社会治理路径研究[D]. 重庆：西南大学，2013.

[32] 石晓天. 工会枢纽型社会组织建设现状及其反思——以广东省为例[J]. 中国劳动关系学院报. 2015(04)：43-49.

[33] 赖佩媛. 社会组织在中国国家治理中的作用研究[D]. 北京：中共中央党校，2016.

[34] 刘纯燕. 社会组织参与社区照护服务的模式研究 ——以广东省为例[D]. 上海：上海工程技术大学，2020.

[35] 中共中央关于构建社会主义和谐社会若干重大问题的决定，中央政府门户网站，2006 年第 33 号.

[36] 中共中央办公厅. 关于加强社会组织党的建设工作的意见(试行). 中央政府门户网站，2015-09-28.

[37] 徐家良，等. 改革开放后上海社会组织创新发展研究[M]. 上海：上海交通大学出版社，2018：12.

[38] 中共中央办公厅 国务院办公厅. 关于改革社会组织管理制度促进社会组织健康有序发展的意见. 中华人民共和国国务院公报，2016 年 8 月 21 日.

[39] 徐家良. 社会团体导论[M]. 北京：中国社会出版社，2011：1-2.

[40] 陶传进，刘忠祥. 基金会导论[M]. 北京：中国社会出版社，2011：10.

[41] 景朝阳. 民办非企业单位导论[M]. 北京：中国社会出版社，2011：5-6.

[42] [美]赖特·米尔斯，[美]塔尔考特·帕森斯，等. 社会学与社会组织[M]. 何维凌，黄晓京，译. 杭州：浙江人民出版社，1986：139-147.

[43] 张勇，周雪. 社会组织公信力建设路径——基于公共理性的研究视角[J]. 人民论坛，2011(23)：66-67.

[44] 戚枝淬. 社会组织内部治理结构法律问题研究[J]. 理论月刊，2016(08)：5-10.

[45] 叶士华，何雪松. 理事会能够提升社会组织绩效？——基于全国691家社会服务类组织的实证研究[J]. 公共行政评论，2021(01)：132-150.

[46] 姚艳姣. 北京某行业协会秘书长撤换事件暴露社会团体内部治理危机[J]. 中国社会组织，2019(10)：20-21.

[47] 陈琳. 北京西餐业协会被限期整改，秘书长被撤换[N]. 新京报，2019-04-18.

[48] 中国互联网络发展状况统计报告. 中国互联网络信息中心网站.

[49] 孝金波. 民政部发布《2012中国慈善捐助报告》红会受捐同比降23.68%，人民网，2013-09-21.

[50] 谢雅玲. 自媒体时代舆论危机的应对——以"郭美美事件"为例[J]. 新闻世界，2012(04)：104-105.

[51] 汪徐秋林. 14%社会组织生存堪忧，面临倒闭[N]. 南方周末，2020-08-14.

[52] 乔河旺. 破解危机——学习型组织与危机管理的艺术与实务[M]. 济南：济南出版社，2003：16.

[53] 胡伟. 新媒体时代社会组织危机管理模型构建与实证研究[J]. 安庆师范大学学报（社会科学版），2018，37(01)：73-78.

[54] 王丹. 内部治理、危机公关能力遭质疑 东方基金信任危机恐连累新产品发行[N]. 北京商报，2011-3-2.

[55] [美]班克斯. 危机传播——基于经典案例的观点 [M]. 4 版. 陈虹，等，译. 上海：复旦大学出版社，2013：3.

[56] 曹仰锋. 组织韧性：如何穿越危机持续增长[M]. 北京：中信出版社，2020：1.

[57] 赵辉. 企业利益相关者问题研究[M]. 武汉：崇文书局，2009：11-12.

[58] 胡百精. 危机传播管理[M]. 北京：中国传媒大学出版社，2005：30-33.

[59] 田凯. 中国非营利组织理事会制度的发展与运作[J]. 经济社会体制比较，2009(02)：139-144.

[60] 傅金鹏. 我国公益性社会组织提供公共服务的问责逻辑[D]. 上海：复旦大学，2012.

[61] 戴万稳. 危机管理之道[M]. 南京：南京大学出版社，2019：111-113.

[62] 徐宪平，鞠雪楠. 互联网时代的危机管理：演变趋势、模型构建与基本规则[J]. 管理世界，2019(12)：181-189.

[63] 孙继伟，李晓琳，王轶群. 企业危机管理中自媒体舆论引导策略的探索性研究[J]. 管理科学，2020(05)：101-115.

[64] 王傅，刘忠. 社会组织基本知识[M]. 广州：广东人民出版社，2017：8.

[65] 张澧生. 社会组织治理研究[M]. 北京：北京理工大学出版社，2015：129.

[66] 徐晞. 我国非营利组织治理问题研究[M]. 北京：知识产权出版社，2009：63.

[67] 中访网. 人福医药、国药股份受牵连：旗下扶贫基金会理事长被曝行贿 46 万. 凤凰网，2020 年 07 月 14 日.

[68] 林蕾. 广东省社科类社会组织监管策略及路径优化研究[D]. 广州：广东外语外贸大学，2021.

[69] 中国科学院"科技领导力研究"课题组，苗建明，霍国庆. 领导力五力模型研究[J]. 领导科学，2006(09)：20-23.

[70] 廖可昕. 志愿服务组织的领导力研究——以南昌市 Z 志愿服务团为例[D]. 南昌：江西财经大学大学，2020：18-19.

[71] 佚名. 慈善网站施乐会身陷"置顶费"漩涡[N]. 成都商报电子版，2014-11-6.

[72] 焦克源. 社会组织参与公共危机协同治理的困境与出路——以红十字会慈善捐赠工作为例[J]. 行政论坛，2020(06)：122-129.

[73] 崔晓明. 危机领导力对危机管理绩效的影响机制研究——基于利益相关者的研究视角[D]. 上海：复旦大学，2014：81-83.

[74] 佚名. 慈善网站施乐会一年收 719 万置顶费称因经费难以为继. 四川新闻网，2014-11-13.

[75] 叶紫蒙，马奔，马永驰. 危机管理中政府官员避责的结构性差异——以新冠疫情防控期间的问责为例[J]. 中国行政管理，2022(02)：149-155.

[76] 路江涌. 危机边缘领导力[J]. 清华管理评论，2021(02)：47-57.

[77] 李丽，杜小娟. 一慈善组织募集善款 社工可提成 15% 引争议[N]. 中国青年报，2012-08-26.

[78] 杨伟国，唐乐. 战略与执行：人力资源治理与人力资源管理[J]. 经营与管理，2015(01)：37-40.

[79] 潘琳，周荣庭. 回应性监管视角下社会组织内部多元协同监管模式研究[J]. 华东经济管理，2019(05)：177-184.

[80] 张木兰. 施乐会"置顶费"事件还原[N]. 公益时报，2014-11-18.

[81] 赵冬，陈志超. 城市协同治理的社会组织：结构、机理与增效[J].

上海行政学院学报，2021(02)：73-82.

[82] 徐宁，曾逸萱，杨智颖. 我国慈善组织危机管理策略[J]. 沈阳农业大学学报(社会科学版)，2017(04)：403-407.

[83] 苏曦凌. 政府与社会组织关系演进的历史逻辑[J]. 政治学研究，2020(02)：76-89.

[84] 王杨. 社会组织在社区治理中的合法化路径与策略——基于北京市一个草根社会组织的个案研究[J]. 中州学刊，2018(12)：79-84.

[85] 门伟莉，邓尚民. 组织危机决策影响因素与决策有效性实证研究——基于山东省企业组织危机决策的反思[J]. 情报杂志，2010，29(05)：102-106.

[86] 王向民. 分类治理与体制扩容：当前中国的社会组织治理[J]. 华东师范大学学报(哲学社会科学版)，2014，46(05)：87-96.

[87] 罗艳，刘杰. 政府主导型嵌入：政府与社会组织的互动关系转变研究——基于 H 市信息化居家养老服务项目的经验分析[J]. 中国行政管理，2019(07)：36-41.

[88] 杨晓光，丛玉飞. 低碳经济下我国草根环境 NGO 与政府协同关系构建[J]. 当代经济研究，2010(11)：52-55.

[89] 曹海林，王园妮. "闹大"与"柔化"：民间环保组织的行动策略——以绿色潇湘为例[J]. 河海大学学报(哲学社会科学版)，2018，20(03)：31-37.

[90] 陈涛，郭雪萍. 共情式营销与专业化嵌入——民间环保组织重构多元关系的实践策略[J]. 中国行政管理，2021(02)：59-67.

[91] 中国扶贫基金会、腾讯公益慈善基金会启动"活水计划——乡村振兴重点帮扶县基层社会组织赋能行动". 中国社会组织网，2022-04-11.

[92] 郁建兴，沈永东. 调适性合作：十八大以来中国政府与社会组织关系的策略性变革[J]. 政治学研究，2017(03)：34-41.

[93] 稳就业、保就业中国连锁经营协会在行动. 中国社会组织动态，

2022-04-27.

[94] 董关鹏. 社会组织新闻发言人工作指南[M]. 北京：中国社会出版社，2020：15.

[95] "春蕾计划"被指诈捐，官方回应. 观察者网，2019-12-17.

[96] 针对女童"春蕾计划"被曝资助男童，帮扶对象竟有 19 岁男生. 纵相新闻，2019-12-18.

[97] Raab J，Kenis P. Heading Towards a Society of Networks：Empirical Developments and Theoretical Challenges[J]. Journal of Management Inquiry，2009，18（3）：198-210.

[98] 邓延平. 多维审视下的组织理论[M]. 北京：清华大学出版社，2007：215.

[99] 马迎贤. 资源依赖理论的发展和贡献评析[J]. 甘肃社会科学，2005，39（01）：116-119.

[100] 马伊里. 有组织的无序：合作困境的复杂生成机理[J]. 社会科学，2007（11）：75-82.

[101] 许悦雷，董佳. 日本危机管理机制研究[J]. 现代日本经济，2020，39（04）：13-23.

[102] 聂云涛. 枢纽型社会组织的支持功能研究——以 S 社创中心为例[D]. 济南：济南大学，2021：47-49.

[103] 蔡岚，丰云. ANSELL 合作治理框架与我国区域合作的契合性分析——以长株潭公交一体化为例[J]. 学术研究，2014（09）：58-64.

[104] 张玉磊. 跨界公共危机治理组织间网络的形成：动力、条件、障碍与建构——一个基本分析框架[J]. 内蒙古社会科学，2021，42（02）：17-26.

[105] 周秀平，刘求实. 以社管社：创新社会组织管理制度[J]. 中国非营利评论，2011（01）：54-58.

[106] 李莹. 我国支持型社会组织的发展路径研究[D]. 青岛：青岛大学，2018：40-41.

[107]汪丹. 我国枢纽型社会组织研究综述[J]. 郑州航空工业管理学院学报，2015(02)：110-113.

[108]余永龙，刘耀东. 游走在政府与社会组织之间——枢纽型社会组织发展研究[J]. 探索，2014(02)：154-158.

[109]石晓天. 我国枢纽型社会组织的功能特征、建设现状及发展趋势——文献综述的视角[J]. 理论导刊，2015(5)：85-88.

[110]罗凯燕. 广州深圳签署《社会组织合作框架协议》八大合作开启双城联动新篇[N]. 读创深圳，2021-01-06.

[111]山海情深！鲁渝社会组织协作硕果累累. 重庆政府网，2022-03-11.

[112]周亮，张世伟."社会组织月月谈"谈出发展与合力[N]. 中国社会报，2021-11-24.

[113]匡立波，黄渊基. 互联网＋背景下社会资本"弱关系"与脱贫路径创新研究——基于湘西北"微善风"民间助学慈善组织的考察[J]. 学习与探索，2017(03)：48-56.

[114]宫晓辰，孙涛，叶士华. 政治关联可以提升社会组织生存能力吗？——基于收入多样性的中介效应分析[J]. 公共管理与政策评论，2022，11(01)：131-144.

[115]管兵，夏瑛. 政府购买服务的制度选择及治理效果：项目制、单位制、混合制[J]. 管理世界，2016(08)：58-72.

[116]应新安. 组织间合作特征对社会组织公益绩效的影响——基于资源获取能力的中介作用[D]. 杭州：浙江大学，2021：39.

[117]孙发锋. 依附换资源：我国社会组织的策略性生存方式[J]. 河南社会科学，2019，21(05)：18-24.

[118]张钟汝，范明林. 政府与非政府组织合作机制建设：对两个非政府组织的个案研究[M]. 上海：上海大学出版社，2010：154-163.

[119]白雪. 农夫山泉"一分钱捐赠"广告争议调查[N]. 中国青年报，2009-08-21.

[120]苏航. 非营利组织与企业跨部门合作的行动逻辑研究——基于环保领域合作的多案例分析[D]. 上海：华东政法大学，2019：21.

[121]"捐一元"项目开启第十四年爱心之旅. 人民资讯，2021-08-09.

[122]双碳目标下的社会组织与企业合作论坛倡议争当"双碳先锋". 人民网，2021-09-09.